谨以此书

致敬沙洋这片土地

致敬沙洋这片土地上的人民

致敬沙洋这片土地上的无数建设者

致敬从沙洋这片土地走向全国走向世界的奋斗者

《沙洋之子》编委会名单

沙洋之子

◎主　编／范洪涛
◎副主编／金成海　杨继宁

華中師範大学出版社

新出图证(鄂)字 10 号

图书在版编目(CIP)数据

沙洋之子/ 范洪涛主编 ；金成海，杨继宁副主编. —武汉：华中师范大学出版社，2024.12. - - ISBN 978-7-5769-0681-3

Ⅰ. K820.863.4

中国国家版本馆 CIP 数据核字第 2025YP8800 号

SHAYANGZHIZI

沙 洋 之 子

范洪涛 **主 编**

©

金成海 杨继宁 **副主编**

责任编辑：董云梅 **责任校对**：肖 霞 **封面设计**：罗明波

编辑室：教师教育分社 **电话**：027-67867370

出版发行：华中师范大学出版社

社址：湖北省武汉市洪山区珞喻路 152 号 **邮编**：430079

销售电话：027-67861367 **邮购电话**：027-67861321

传真：027-67863291

网址：https://press.ccnu.edu.cn **电子信箱**：press@mail.ccnu.edu.cn

印刷：湖北恒泰印务有限公司 **督印**：刘 敏

字数：252 千字

开本：710mm×1 000mm 1/16 **印张**：19

版次：2025 年 2 月第 1 版 **印次**：2025 年 2 月第 1 次印刷

定价：76.80 元

欢迎上网查询、购书

序言

人们赞美家乡用得最多的词不外乎是“山清水秀”“人杰地灵”。毫不自夸地说，用这两个成语来形容我的家乡湖北省沙洋县是十分妥帖的，毫无违和之感。

因为，沙洋地处江汉平原西北部的湖区和荆山余脉东南的丘陵地带，东临汉江，西濒漳水，南滨长湖，北倚荆山，是一块山水相依，有“荆楚门户”之称的和美之境。就“山清”而言，沙洋有东周楚国名山之美誉的纪山，有因三国著名人物马良修学而得名的马良山，还有被称为“沙洋文脉”的黄家山。而“水秀”就更有得一说，沙洋拥有汉江、长湖两大水系。汉江有近 60 公里流经这里，另有 25 条支流从这里汇入汉江和长湖，33 个大大小小的湖泊被列入省级湖泊保护名单，长湖、借粮湖、彭塚湖、黄荡湖、彭家湖、台子湖、虾子湖、贺吕湖、平湖……就像一颗颗明珠散布于 2044 平方公里的县域。

与“山清水秀”相得益彰的是“人杰地灵”。

历史上，无数名流成就了沙洋，沙洋也成就了无数名流，构成了一幅幅双向奔赴的人文画卷。

被列入 2018 年全国十大考古新发现的后港城河遗址表明，早在 5000 多年前的新石器时代，就有先民在沙洋这片沃土上栖息。至唐贞观八年（公元 634 年），李世民的股肱之臣尉迟恭任荆州总管，他在汉津口旁的琼台山修建“沙洋堡”，沙洋由此得名。

“华夏第一县”之称足以令沙洋人骄傲。西周时期，荆门北部为都国，东部为权国，后均被楚国所灭。公元前738年，楚武王在权国故地，现在的马良境内设立权县，由此诞生了中国历史上第一个县级政权。

如今，在沙洋县后港镇黄歇村，有一座高12米、直径80米、周长200米的冢子，名曰黄歇冢。史载，博学善辩、文韬武略、官拜楚相，位列著名的“战国四君子”的春申君黄歇，在沙洋施展过纵横捭阖的政治抱负。

至于轰动世界，改写中国思想史的郭店楚简，新石器时代古城遗址马家垸遗址、荆家城遗址，还有包山楚墓、包括疑似楚庄王墓在内的纪山楚墓群、西汉临江王墓等，无不折射着沙洋历史文化的厚重与悠远。

沙洋自古以来钟灵毓秀。明朝李侃、黄点留有“宦业登诸史册，学业推重乡间”之美谈；北宋末年至南宋初期的著名理学家、翰林院大学士朱震，尤其精通《周易》，著有《汉上易传》，人称“汉上先生”。清乾隆十年（公元1745年），荆门州知州舒成龙在沙洋建了一座书院，即命名为“汉上书院”，以此纪念这位文化名人，也开了沙洋官办学校之先河。清康熙年间，著名诗人、翰林院大学士胡作梅与胡作相、胡作楫、胡作柄等胡氏四兄弟，被称为“荆门四胡”，以诗歌成就蜚声文坛。

一方水土养一方人。到了近现代，人杰地灵的沙洋更彰显出独特的沙洋精神，许多仁人志士为了国家和民族舍生取义，砥砺前行。

出生于高阳镇季家塝的季雨霖是辛亥革命重要领导人之一。早年，他作为创始人之一，先后与人创办了秘密革命团体科学讲习所、日知会。武昌首义爆发后，他以其卓越的政治智慧和军事才能，率兵参加汉口保卫战、汉阳保卫战、阳夏争夺战，三战三捷，又以总司令官的身份指挥了首次北伐。

出生于五里铺镇杨家集的革命烈士李纯斋，1927年加入中国共产党，是荆当苏区和襄西抗日根据地的主要创始人之一，曾担任中共荆门县委书记。抗日战争时期，他广泛发动和组织群众参加抗日斗争，在荆南组建“抗日救国服务团”，坚持开展反“扫荡”斗争。1945年7月24日，他在团林镇野鸡庙的战斗中光荣牺牲，倒在了抗战胜利的前夜。

当然，李纯斋不是一个人在战斗，他所体现的是沙洋人民抗击日本侵略者的坚定决心和必胜信念。1938年，日军对有“小汉口”之称的沙洋镇发起了狂轰滥炸，制造了导致3100多名平民死亡的“11·5惨案”，激起了不屈不挠的沙洋军民更强烈的反抗。1939年2月14日，侵华日军华中派遣军陆军航空兵“天皇”号指挥机机长渡边广太郎少将的座机在沙洋被中国军队击中，坠落江滩后，沿江逃跑时被击毙于李市镇新城村。沙洋人以大无畏的英雄气概在中国抗战史上留下了精彩的一笔。

捧读《沙洋之子》书稿，我很自然地想到毛泽东主席的一句诗：“数风流人物，还看今朝。”因为，当代沙洋涌现了一拨又一拨的英雄群体。他们当中有战斗在青藏高原的将军，有经受战火洗礼的老兵，有守护一方平安的公安干警，有热心公益、奉献爱心的志愿者，有立足岗位默默奉献的环卫工，有身残志坚为国争金夺银的运动员，有痴迷于艺术的探索者，还有一大批成就卓著的学者、教授，更有一大批勇于创新、富有责任感的企业家。他们或电光石火，或默然前行，在各自领域、各自岗位用实际行动塑造了“沙洋之子”勇敢坚韧、开拓创新的英雄群像。为他们著书立传，是对沙洋优秀儿女的褒奖，对沙洋精神的传承，为后辈们树起了一座座标杆。

作为一个生在沙洋，长在沙洋，已步入杖朝之年的沙洋人，我感佩于

“沙洋之子”的修为和贡献，赞赏于《沙洋之子》的编撰动机，也就很高兴地接受邀请，写下这段文字，郑重地向广大读者推荐这本书。

时代英雄不可或缺，城市英雄不可或缺。“沙洋之子”是一个极高的荣誉，期待涌现出更多的“沙洋之子”，期待我的家乡因为有更多的“沙洋之子”而变得更加美好！

是为序。

罗文贵

2024 年 10 月 1 日于广州

目　录

齐有为：剑态箫心皆为国…… 001
洪少华：在蛛丝马迹中寻找真相…… 017
姚刚：挑战不可能的“影子神探”…… 029

范芹梅：爱是一种滚烫的输出…… 041
肖燕：用“五彩扫帚”描绘生活的美丽…… 057
卞雪松：心系“来自星星的孩子”…… 069

陈人钰：钰声铿锵为艺振…… 081
董红娇：竞技体育不只有金牌…… 093
孙延祥：泼墨纵横山水间…… 103
曾菊：水乡百灵摘“梅花”…… 115
李可梅：一生光阴画卷中…… 125

何克清：从黄家山起步的软件专家…… 135
吕启涛：微激光领域里的追光者…… 153
邹应全：人生因化学而精彩…… 165
王强：测天绘地印天地…… 177

王长城：致力于劳动研究的劳动者…………………………………………………… 191
官阳：神奇的“超微病理判官”…………………………………………………… 203
巴伦一：从高中生到金融专家…………………………………………………… 215
贺军：根植沃土以“智”报国…………………………………………………… 227

王明洪：晶亮世界的火炬手…………………………………………………… 239
刘波：“牛气冲天”的逐梦人 …………………………………………………… 251
王锦峰：独辟蹊径向巅峰…………………………………………………… 263
付剑平：第一时间走进雷神山…………………………………………………… 273

后记…………………………………………………………………………… 289

“一个国家、一个民族不能没有英雄，不能忘了子弟兵。”

——齐有为

齐有为：剑态箫心皆为国

范洪涛

虽然年过古稀，但齐有为仍然精神矍铄，走起路来身板始终挺得笔直，那份独有的帅气和威风，不仅是因为他拥有 1 米 82 的身高和保持得近乎完美的体形，更源于他曾深受军营文化的洗礼和文化艺术的浸润。

狂风暴雨中，他与妻子同赴战场，身后留下儿子的哭声

若干年前的一个晚上，月明星稀，清风拂面，有“人间天堂”美誉的杭州沉浸在祥和宁静的氛围中。身为一团二营教导员的齐有为正在团部灯光球场与战友们观看电影，突然，球场的照明灯亮了，电影戛然而止，广播里传来团长的声音：“紧急命令：停止观看电影，请大家迅速返回营房，团党委成员马上到团部参加紧急作战会议！”

齐有为一边赶往团部，一边猜想：又要举行军事演习了。不料，团党委会上，团长传达了军委下达的作战命令：全师官兵 7 天后出发。

几乎就在同时，正在浙江湖州参加南京军区军医学校开办的为期两年的军医培训的石继军也接到了返回一团卫生队参战的命令。由此，齐有为、石继军成为全团仅有的两对参战夫妻之一。

齐有为的儿子齐毅当时只有 6 岁，把他交给谁？这成了夫妻俩出征前遇到的最大难题。

由和平状态转入临战状态，部队出发前采取了严格的军事保密措施，切断了对外的一切联系，任何人不准发电报，不准打电话，不准写信。齐有为夫妻俩思来想去，最终决定把儿子托付给住在楼上的邻居，曾任“硬骨头六连”连长、负责留守事务的师副参谋长林依平和他的夫人张大姐。齐有为夫妇找到林副参谋长“托孤”：“拜托你们临时照看一下齐毅，等到允许对外联系时，我们让父母从家乡过来接他。如果我们没能与家人联系上，也没回来，请组织上通知我哥嫂把他接走。”

齐有为心里明白，战场上什么事都有可能发生。7 月 18 日，他以夫妻二人的名义给父母和哥嫂留下一封遗书，其中特别强调：“万一我们俩都回不来，齐毅就过继给哥嫂当儿子。拜托哥嫂服侍好二老，还要辛苦你们把齐毅养大。给你们留下了一张存折，里面有 60 元钱……”石继军把遗书缝在了儿子的棉衣内衬胸口处。想到有可能与儿子永别，石继军一边缝遗书，一边默默地流泪。

齐有为所在的陆军第一师一直流传着一个玄妙的说法：这支部队是贺龙元帅创建的，贺龙是一条龙，只要部队有大的行动，必定会电闪雷鸣，大雨倾盆。齐有为还亲眼见证过这个传说，他在这支部队服役了几十年，只要遇上大的行动，基本上都是这样。这一次居然也不例外，当天艳阳高照，可到晚上部队临出发时，天气骤变，整个杭州陷于电闪雷鸣、风雨交加之中。

齐毅从小心大，平时父母告诉他要出门，他总是漫不经心地抬眼看一看，顶多说一句“再见”。但这一次不一样，他似乎感觉到了异乎寻常。

当晚，齐有为夫妇把齐毅领到了林副参谋长家，把他交给张大姐。齐毅看他俩头上戴着钢盔、腰里别着手枪，背上背着背包，全副武装的样子和以往出门时完全不一样，他突然一把抱住石继军的腿，扯着嗓子边哭边喊："妈妈你不要走，爸爸你不要走……"石继军流着泪，跪在地上把儿子搂在怀里。这时，屋外传来紧急集合的哨音，齐有为一把拉起石继军，又看了儿子一眼，两人冲进了狂风暴雨中，身后传来儿子的哭喊声……

1997年，齐有为转业前和夫人石继军身着军装留影。当时，他俩分别是大校师政委、中校军医。

从硝烟弥漫的战场上凯旋后，二营荣立集体一等功，齐有为个人荣立三等功。随后，齐有为作为战斗骨干被送到石家庄陆军指挥学院深造了两年。学成归来后，他又先后在多个领导岗位上历练，最后被调往驻扎在浙江金华的陆军第三师任政委。

回望自己的人生旅途，齐有为由衷地说："是人民军队这座大熔炉锻造了我。"

齐有为是地地道道的沙洋人，他生于1951年6月，在河街上长大。在沙洋交通子弟小学读完小学后，因父母参加荆门漳河水库建设，他考入龙泉中学读初中。半年后，又因父母调回沙洋，他得以转入沙洋中学就读。

1966年上半年，空军到沙洋中学招飞，目的是培养战斗机飞行员。正在读初中的齐有为从报名应征的200多个男生中脱颖而出，成为3个佼佼者之一。

随后，齐有为转入荆州中学，与从全省选拔出来的120名学生组成了滑翔班，他们半天上文化课，半天到沙市机场学飞行。正当齐有为憧憬着有朝一日驾驶着战鹰翱翔在祖国蓝天的情景时，"文化大革命"开始了，学校停课，滑翔班的学生面临两个选择：参加陆军或上山下乡。齐有为毫不犹豫地选择了参军，成为人民解放军陆军第一师第一团特务连警卫排的一名战士，从此开启了长达30年的军旅生涯。

1970年12月，齐有为由团特务连警卫排长调任"硬骨头六连"三排长。由于警卫排属勤务分队，平时军事训练少，齐有为到"硬骨头六连"后首先碰到的问题就是个人的军事技术达不到连队要求。他投弹只有40多米，夜间射击总是脱靶，对木枪对刺更是闻所未闻。毫不夸张地说，身为排长的齐有为在军事技术方面就是一个"小白"。个人军事技术不过硬，带兵也就缺乏感召力，齐有为感到了前所未有的压力，他暗暗下定决心："练！苦练！"

1971年10月，得知军部要开办第一期干部教导大队，齐有为第一时间报名要求参加集训，最后连队选派了连长林依平、副指导员张光烈和齐有为三人参加。

开训动员大会上，军首长提出在全队开展争创“射击能手”“刺杀能手”和“投弹能手”的“三手全优学员”活动。林连长会后特地嘱咐齐有为：“三排长啊，这次咱们三个人代表连队来这儿，是骡子是马都要拉出来遛了，‘三手’你要争啊！”齐有为当即表态：“连长放心，咱六连干部绝不落后！”

决心好表，行动难为。顶着秋老虎，晴天一身汗，雨天一身泥，齐有为投入到艰苦的训练之中。一个星期投弹训练下来，他的右胳膊肿得像个棒槌又硬又痛，吃饭连筷子都拿不住，但他咬牙坚持了下来。一个月后队里组织投弹测验，齐有为第一弹就投出了58米的优秀成绩。

夜间射击，齐有为一卧倒就看不见缺口和准星。林连长帮他找到了操枪和贴腮存在的毛病，制定了“夜间动作白天练”的训练方法，这个老大难问题迎刃而解，齐有为三次夜间射击考核都取得了优秀成绩。

林依平是1964年全军“大比武”中涌现出来的军事骨干，他的战技术素质很高，尤其是他的木枪对刺技术非常好，齐有为甘愿拜他为师。林依平根据齐有为身高臂长的优势，重点传授“打压刺”绝招。两人一个耐心教，一个虚心学，于是，每天晚饭后，操场上都会出现齐有为和林依平身穿护具、手执木枪对打的身影。两人常常练得大汗淋漓，护具都能倒出水来。“功夫不负有心人”，有一次，大队组织师与师之间的木枪刺尖子对抗赛，齐有为代表一师学员队出战，他用“打压刺”竟连续淘汰了7个对手，引得战友们拍手叫好。

经过4个多月的强化训练，齐有为的军事理论、战术动作等科目都取得了质的进步。结业考核，齐有为如愿以偿地拿到了“投弹能手”“射击能手”和“刺杀能手”三项荣誉。

作为一名政治指挥员，齐有为十分善于以革命传统教育为抓手开展思想政治工作。

1989 年 9 月，齐有为升任陆一师红三团政委。这支部队前身是贺龙元帅创建的大名鼎鼎的“洪湖赤卫队”，也是全军为数不多的“红军团”“百将团”。接到任命，齐有为感到非常荣幸，因为这是他打小就崇拜的“洪湖赤卫队”，许多战友见到他都打趣地叫他“韩书记”。他在日记中写道：“前辈创建并壮大的这支老部队，现在交到了我这个‘湖北伢’手里，我当不辱使命！”

上任后齐有为做的第一件事，就是组织全团官兵唱响《洪湖水，浪打浪》，并把这首歌列为团歌，要求官兵人人会唱，天天唱，每逢执行重大任务前必须唱。第二件事就是派人做了“红军团”和“百将团”两面大红旗插在团部大门口，让官兵们天天见旗思源、奋发争先；第三件事是建起了“团史馆”，把从洪湖开始打出来的 100 多位将军和英烈的照片、事迹挂在墙上，要求官兵们永远学习和记住他们。

榜样的力量是无穷的，齐有为在这个岗位上奋斗了 3 年，红三团先后荣获“先进团党委”和“军事训练先进团”等荣誉称号，他个人也再次荣立三等功。

改革风浪中，
他担任“硬骨头六连”指导员，经受一次次淬火

在漫长的军旅生涯中，齐有为最难忘的是担任“硬骨头六连”指导员的一段经历。

1978 年 6 月，27 岁的齐有为从四连指导员岗位上调往“硬骨头六连”担任指导员。

“硬骨头六连”是中国人民解放军的一面旗帜。这个连队组建于抗战初期，历经抗日战争、解放战争、抗美援朝战争的战火洗礼，屡建奇功，涌现了一大批战斗英雄。1964 年 1 月 22 日，这个当时番号为第一军第一师第一团第二营第六连的连队因为“战备思想过硬，战斗作风过硬，军事技术过硬，军政纪律过硬”而被国防部授予“硬骨头六连”光荣称号。

虽然是平调，但接到任命，齐有为的内心是喜悦的。因为，能担任“硬骨头六连”这个赫赫有名的英雄连队的指导员，表明他的能力和业绩得到了上级领导的认可，而且这意味着他和岳父共同创造了“硬骨头六连”历史上绝无仅有的一段“翁婿佳话”：齐有为的岳父石守德是连队被命名为“硬骨头六连”后的第一任指导员；14 年后，齐有为成为“硬骨头六连”第九任指导员。此前，齐有为已在“硬骨头六连”当了 3 年半排长、3 年半副指导员，后调任四连指导员。在四连指导员的 3 年任期内，四连成为全军第一批被命名为“硬骨头六连式的连队”的基层单位。

然而，欣喜之余，齐有为更多的是感受到了压力。

这种压力首先来自家庭生活。

那时，部队驻扎在杭州，齐有为的妻子石继军作为军医在一师所属的师部医院工作，由于是双军人家庭，部队给他们分配了一间军人家属房，而且驻地和医院之间只相距 2 公里，他俩的工作生活环境是很多战友非常羡慕的。

然而，就在齐有为任命书下达的第二天，也是石继军休完产假，到师部医院上班的第一天，她也接到了一份调令。石继军被调往 180 公里之外位于湖州的野战军 98 医院，而且调令明确要求她：“必须在一个星期之内报到。”

接到调令，齐有为和妻子都有点蒙。带着疑惑，齐有为找到了时任团副政委的岳父，没想到石守德直言不讳地告诉他：女儿的调令是他的提议。这位“硬骨头六连”的老指导员很刚很硬地亮明了自己的态度：如果你是到别的连队担任指导员也就算了，但到“硬骨头六连”担任指导员就不一样，这需要你全身心地投入，如果妻子、孩子在身边，肯定会分散精力。末了，岳父还特别嘱咐他：除了按规定每年享受一个月的探亲假，其他时间不准回家！

齐有为（左五）担任“硬骨头六连”指导员时向战士们讲述连队的光荣历史。

不得不说，石守德对女婿的要求十分严格。为了让齐有为干好六连指导员的工作，他事先主动向团长、团政委提出把女儿从女婿身边调离。团长和政委虽然同意这一动议，但他们无权调动隶属于师部的石继军，于是，石守德又找到集团军政治部主任“开后门”，政治部主任感慨地说：“别人都想把子女往自己身边调，你却要求把子女往远处调。”齐有为理解了岳父的良苦用心，他把妻子和刚刚满月的儿子送到湖州，又从老家沙洋把母亲接过来帮忙带孙子，然后独自返回了连队。而且，他没有让岳父失望，在担任六连指导员的三年时间里，他只完整地休过一次假。

齐有为的压力更多的是来自时代的变化。

当时，国家处于改革开放初期，各种思想观念发生着剧烈碰撞，也不可避免地影响着部队。新时期的连队建设该怎么做？“硬骨头六连”的精神该如何发扬光大？这些问题一直萦绕在他的脑海里。

当齐有为以连指导员的身份首次站在六连指战员面前时，他表明了“一个态度、三个要求”，即“作为指导员，我将当好排头兵，无论思想觉悟还是军事素质，都走在大家前面”，“要求全连指战员不能吃老本、享清福，而是要跟上新形势，创造新经验；要求全连指战员改革创新军事训练，主动钻研现代军事理论，掌握现代军事技术；要求全体党员干部骨干要发挥带头作用，成为坚强的战斗堡垒”。

齐有为是这样说的，更是这样做的。

在日常工作中他始终注重结合干部战士的思想动态开展政治工作。

比如，每到农忙时节，六连都要到驻地支农，但是当联产承包责任制推广开来之后，土地都分给了农户，连队再去支农，就由过去的为集体干活变成了为农户个人干活，战士们难免产生思想困惑：我们到底是在帮集体还是在帮个人呢？

又比如，改革开放让一部分人先富了起来，也不可避免地拉大了地域贫富差别，战士中既有来自西部贫困地区的农家子弟，也有来自改革开放前沿的富家子弟，他们的生活习惯、金钱观、消费观都存在很大差异。六连曾经发生过一起冲突：战士小王是一个来自深圳的富家子弟，他每天早晚都要擦护肤霜，弄得宿舍里香气扑鼻，这引起了其他战士的反感。有一天，班长忍无可忍，把小王的护肤品全都扔到了水沟里，并指责他是资产阶级思想。小王很不服气，反问齐有为：“我不就是擦了一点护肤霜吗？怎么就和资产阶级沾上边了呢？”

针对出现的各种各样新情况，齐有为不急不躁，他意识到思想问题还需要通过理论学习来化解。于是，齐有为制订了“邓小平理论系列学习计划”，他自己编写教案，每周给战士们讲两次课。他从生产力与生产关系、经济基础与上层建筑这些马克思主义基本原理讲起，结合战士们的思想实际循循善诱，消除他们的思想疑惑和隔阂，定期举办生动活泼的“理论讲用会”，引导战士们畅所欲言，围绕身边的事展开讨论；鼓励老兵当小教员；组织考试，把学习成绩列入评优、立功的考核指标。

这些做法有效地化解了各种护肤霜类的行为冲突，消除了战士们的思想困惑，增强了连队战斗力，也引起了上级领导的注意。南京军区组成专班对齐有为的做法作了专门总结，在军区进行推广，并组织军区团以上干部到六连观摩学习，极大地丰富了“硬骨头六连”在新时代的精神内涵。

齐有为清醒地认识到，思想政治工作的成效必须体现在军事训练中。他与连长黄柏菊一起，创新训练手段，积极主动地组织全连开展新技术、新战术的演练，以适应现代战争的需要，做到“拉得出，打得赢”。

文化大潮中，
他担负起对外文化交流的重任，实现华丽转身

1997 年，齐有为申请转业获得批准，他成为第三师历史上首位转业到地方工作的现役正师级军官。当年国庆节后，他到浙江省文化厅报到，担任副厅长一职，分管对外文化交流和机关党委工作。

在部队干了 30 年，于 46 岁的年龄转到地方从事文化工作，齐有为弃“武”从“文”的换赛道之举的确弄出了很大的动静，许多战友替他捏了一把汗，但他自己却充满信心：“真刀真枪的战场都闯过来了，还有什么不可为?”

虽然浙江是文化大省，但当时对外文化交流工作才刚刚起步，留下了

许多的空白点，不少人觉得这里文化工作基础薄弱、条件差，工作举步维艰。但齐有为的想法却大相径庭，在他看来，这种现状恰恰提供了很大的工作空间，仿佛一张白纸正好用来画出最美的图画。

上任伊始，齐有为深入基层进行了广泛细致的调查研究。他惊讶地发现，全省竟然只有两家公司拥有从事对外文化交流工作的资质，这与浙江文化大省的形象严重不符。

于是，齐有为着手遴选、培育对外文化交流公司，对有潜力从事对外文化的公司，他一一上门调研、考察，组织培训、考核。很快，浙江省从事对外文化交流的公司如雨后春笋般地出现了，由过去的两家增长到 120 多家，它们成为浙江对外文化交流的重要载体。

对外文化交流的机构有了，还必须有相应的政策保驾护航。为此，齐有为组织力量，围绕对外文化交流的立项、运作、扶持、奖励，出台了一系列政策和管理办法，确保对外文化交流工作有章可循，有法可依。

俗话说“巧妇难为无米之炊”，对外文化交流不能没有资金，但齐有为上任时浙江省文化厅却没有这一笔财政预算。为此，齐有为动用各种资源，向省里和中央争取支持，三年之后，浙江省地市县每年用于对外文化交流的专项资金达到了 1500 多万元。

与此同时，齐有为积极开拓境外文化市场。在他的任内，浙江省对外文化交流的范围由最初的四五个国家，拓展到 40 多个国家和地区。他先后带领浙江省小百花艺术团、浙江省杂技团等艺术院团、浙江省博物馆出访英、美、法等国家和我国台湾地区。

真抓实干，终有所获。在齐有为的领导下，浙江省对外文化交流工作经常受到文化部表彰，他还在全国文化工作会议上介绍过经验。

齐有为还特别关心家乡的文化艺术事业。2007 年，他促成了著名越剧表演艺术家茅威涛率浙江省小百花越剧团到荆门演出，轰动一时。得知荆门市艺术剧院创作排演了大型现代花鼓戏《十二月等郎》，齐有为非常高兴，主动将这台戏引荐到杭州、绍兴、宁波等地演出，使得荆门花鼓戏首次亮相浙江舞台，为该剧获得文化部“文华大奖”作出了特殊贡献。

2006 年，齐有为率团赴纽约举办“美国·中国浙江文化周”活动。

辛苦奔波中，他动议《富春山居图》两岸合璧展出，留下一段佳话

2011 年 6 月 1 日，在台北发生了一起轰动海峡两岸的重大文化事件，“山水合璧——黄公望与《富春山居图》特展”在台北故宫博物院隆重揭幕。这意味着一幅被火烧成两段并分藏于海峡两岸的《富春山居图》的《剩山图》和《无用师卷》，遭损毁 360 多年后终于以完整面貌在大众面前亮相。

然而，很多人并不知道，促成这一佳话的最初动议人和具体推动者就是齐有为。他为之整整奔波了 6 年。

早在 2005 年，齐有为到浙江省博物馆调研时，馆长俞剑咏就介绍说，浙江省博物馆有两件镇馆之宝，其中一件就是《富春山居图·剩山图》。

《富春山居图》是元代画家黄公望于 1350 年创作的纸本水墨画，以横幅长卷描绘了富春江两岸秀丽的山光水色。作品位居中国古代十大传世名画之列，有“画中之兰亭”之誉，属国宝级文物，因“焚画殉葬”而身首两段，前半卷《剩山图》收藏于浙江省博物馆，后半卷《无用师卷》收藏于台北故宫博物院。

在听闻这幅国宝级名画背后的故事后，齐有为敏锐地意识到，这是一个促进两岸文化交流、增强民族文化认同感的绝好抓手。于是，他向时任浙江省文化厅厅长沈才土提出建议：促成这两幅画合体，在台湾和内地展出。齐有为的提议得到了沈厅长的高度赞同。

接下来，浙江省文化厅组建了由齐有为牵头的工作专班，分别向浙江省委省政府、文化部、国务院台办作了专题汇报，并与台北故宫博物院取得了联系。

2008 年 12 月，国民党荣誉主席连战来杭州出席连横纪念馆揭幕活动时，齐有为与时任浙江省文化厅厅长杨建新当面向他提出《富春山居图》两岸合璧展出的想法。连战表示了赞成，并愿意促成此事。

紧接着，2009 年 1 月，齐有为率团到台北举办“台湾·浙江文化节”活动。在舞剧《李叔同——弘一法师传奇》演出结束后，齐有为再次向应邀观看演出的国民党主席吴伯雄、荣誉主席连战谈起了《富春山居图》两岸合璧展出的构想。吴伯雄表现出浓厚兴趣，连战当场指定台北方面一位人员负责联络。

这项工作引起了国务院的高度重视。2010 年 3 月 14 日，十一届全国人大三次会议闭幕，时任总理温家宝举行中外记者招待会，在回答台湾记者提问时特地提到了《富春山居图》。他说："在元朝有一位画家叫黄公望，他画了一幅著名的《富春山居图》，79 岁完成，完成之后不久就去世了。几百年来，这幅画辗转流失，但现在我知道，一半放在杭州博物馆，一半放在台北故宫博物院，我希望两幅画什么时候能合成一幅画。画是如此，人何以堪。"温总理寥寥数语，却极大地推动了工作进展，也令齐有为备受鼓舞。

2011 年 6 月 1 日，《富春山居图》在台北故宫博物院正式亮相。海峡两岸 200 多名政界、文化界名流出席了开幕典礼。站在开幕式现场，端详着这幅旷世名画，齐有为心情格外舒畅，一种自豪感、成就感油然而生。展览持续了两个月，参观者超 75 万人次。

2011 年 10 月，在浙江省文化厅工作了 14 年后，他以正厅职身份光荣退休，完成了他能文能武、文武双全的职业生涯。

退休后的齐有为并没有闲着，他仍然关心着浙江省文化事业的发展，仍然关心着部队建设。近年来，他做得最多的一件事是为中小学生义务讲述人民军队的故事，只要有学校邀请，他就有求必应，目前他的讲座场次已近 100 场。在他看来，"一个国家、一个民族不能没有英雄，不能忘了子弟兵"。而且，每次演讲他绝少提到自己，更多的是细数"硬骨头六连"的事迹。因为，他始终谦虚地认为："我无法与战友们相比，他们才是真正最可爱的人。"

“警察特别勇敢，特别有智慧，而且光荣。”

——洪少华

洪少华：在蛛丝马迹中寻找真相

毛祖华

6000多次现场勘验，1000多次破获案件，这是52岁的洪少华在39年刑侦工作中留下的两个重要数据。与这两个数据相伴的，是他对职业的尊重，对法律的维护，对正义的伸张。

穷尽线索，嫌疑人无处遁形

2009年6月4日，沙洋县公安局接到曾集镇村民报警，一辆车翻进路边农田，司机弃车跑了。

作为一名资深的刑事技术工作者，洪少华感到了其中的蹊跷。他即刻背起勘察箱，来到事发地点。

这是位于孙店村路段的一片庄稼地，地里种着玉米和黄豆，一辆灰色小轿车向左侧翻倒在田里，车牌显示是宜昌的车。洪少华戴上手套，小心翼翼地将头探进车内，一滴不易觉察的血迹引起了他的注意。凭着多年的经验，他断定，车内应该发生过打斗。

洪少华吩咐刑警走访村民，同时安排技术民警根据车牌和车辆特征上网搜集相关信息，寻找车主。

半小时后，车主的信息传来：宜都人，做租赁小车的生意，两天前失踪，他的家人已经报警。走访村民的警察也了解到一个细节：小车翻倒在农田后，一名中年男子与当地村民商量抬车，因价格谈不拢，最后他放弃了。

洪少华的大脑急速思索起来，他判断这不是一起普通的交通事故，极有可能是一桩杀人命案。他在脑海里拼接了整个案件的过程：有人在宜都租赁了一辆小车，途中将车主杀害，又因开车不熟练或其他原因，小车经过孙店村路段时翻倒在农田，想请村民把车从田里抬出来，可村民要价太高，他最终放弃抬车，选择了跑路。

民警们忙碌起来，将小车抬上公路。洪少华提醒他们，一定不要触碰小车内部。他再一次检查自己的手套、脚套，还有勘察工具，然后钻进驾驶室，一点点查看痕迹。由于车体遭受了挤压，车内已凹凸不平，洪少华的行动很不方便，但他仍小心翼翼地寻找着有用的证据，车座、方向盘、手柄、后视镜……每一个小物件都不放过。因为，他知道哪怕有一点微小的遗漏，都可能导致破案线索的中断。

勘察工作进行得异常缓慢。夜色降临，洪少华仍在车里，丝毫没有收工的迹象。他的助手和刑事科学技术室的同事们也不催他，他们知道他的脾气，现场勘查花两三个小时是常事，而这一次，痕迹的提取显然更加艰难。

直到晚上 8 点 20 分，洪少华才从车里爬出来。他佝偻着腰，腰疼令他眉头紧锁，脚步迟缓，暗淡的月光下，一张脸显得格外疲惫。

徒弟关切地问：“师傅，要不要紧?”他扶着腰，摇摇头：“没事。”

洪少华腰疼是老毛病，多年前被确诊为强直性脊柱炎。

第二天，勘察工作继续进行。洪少华共提取了 15 枚残缺指纹和 3 滴血迹。更令他高兴的是，在翻车现场附近的路边小卖店窗台上，他提取到了嫌疑人留下的血迹。

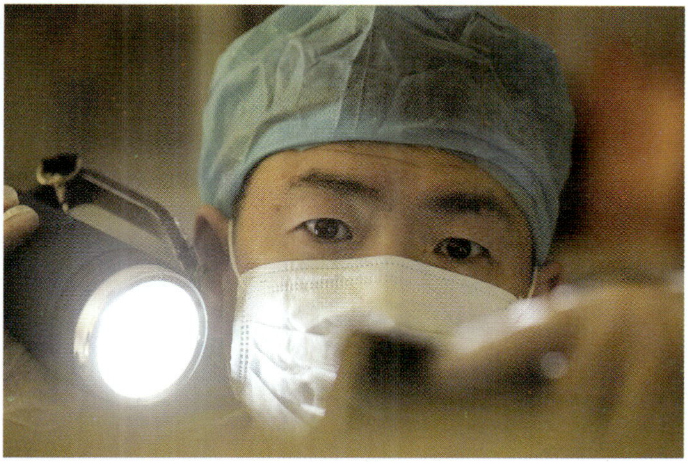

洪少华在案发现场仔细寻找破案线索。

洪少华开始比对指纹和 DNA。经初步鉴定，15 枚残缺指纹和 3 滴血迹来自两个人，其中一个人是车主，另一个人的身份尚待核实。四天后，通过比对上万枚指纹，他终于找到一个符合条件的对象刘某，但把刘某的信息输入人口系统，却查无此人。

剧烈的腰疼再次袭来，他从身旁取过一根 1 米多长的木棍，将它抵在墙壁与后腰之间。许久，他站起身，在办公室慢慢踱步。线索就此断掉了吗？当然没断。穷尽线索，将一切可能发挥到极致，这是洪少华对自己的要求。这些年里，他总能在山穷水尽之时，找到柳暗花明的路径。

洪少华眼前浮现出这样的情景：小车翻倒在农田后，嫌疑人一边向前逃窜，一边来回张望，最后消失在大片农田中。洪少华推测，嫌疑人在此地出现，大概率不是偶然，极有可能他就是本地人。确定了这个范围，排查难度也就大大降低。他再次调取了附近所有嫌疑人的指纹和血型档案，逐一对比分析，终于发现，所谓刘某正是曾三次犯罪入狱的曾集镇村民许某。刘某是他的化名。民警带着许某的照片再次走访了孙店村村民，村民确认许某就是当天弃车的中年男子。

3个月后，许某在河南落网。他供认，他将小车车主杀害后，把尸体埋在了自家屋后。他原本打算把小车卖掉，却因驾驶技术不熟练，导致车翻倒在农田中。

许某的交代与洪少华的推测完全吻合！

火眼金睛，锁定疑案真凶

2021年9月22日，仙桃市沙湖镇发生一起命案。仙桃警方初步认定这是一起入室杀人案。但案发现场地处偏僻，没有监控，也没有目击者，唯一可以提供证据的是留在现场的指纹和脚印。警方将嫌疑人锁定在300人左右的范围，但一一排查后，却始终无法确定嫌犯。湖北省公安厅决定召集荆州、荆门、天门三地的刑事技术骨干共5人，共同商讨此案。

10月25日下午2点半，包括洪少华在内的5人奉命赶到案发现场。

此时，距案发已有一个月。命案现场位于一个鱼塘附近的一幢农村常见的三开间住房。靠西的房间内，地面和床铺棉被上残留着大片血迹，血早已干了，变得焦黑。洪少华穿上塑料鞋套，一边察看，一边仔细琢磨。当地警方介绍，当时被害人躺在地上，现场只留下一个模糊的赤足脚印和半枚指纹。

下午4点，一行人结束现场勘查。在去仙桃市公安局的车上，他们还原了罪犯犯案的过程：入室，一只手接触过电灯开关，与受害人发生过打斗，其间掉了一只鞋，半只脚踩在沾满鲜血的地面。

26日上午，案件讨论会正式开始。与会人员除5名刑事技术骨干外，还有仙桃市公安局相关工作人员。每个人面前摆放着从现场提取的指纹、脚印检材和重点嫌疑对象样本，从现场检材的清晰度和整体形态来看，通过计算机指纹库对比有一定的困难，需要采取人工比对。这是考验技术和经验的时刻。

仙桃市警方介绍，61号嫌疑人是调查重点。

洪少华抬头看着另外4位刑事技术骨干，他们都是长年从事这项工作成就斐然的高手。他沉下心来，再次仔细查看那半枚指纹。指纹上部几乎一片空白，下部纹路稍微清晰，边界处若隐若现。洪少华熟悉这样的纹路，20多年的刑事技术岗位，他见过无数种指纹。许久之后，他在指纹上标注了5处特征。

他查看着61号嫌疑人的指纹。这是一个与命案现场极其相似的纹路，仙桃警方还介绍，此人与受害人日常有过节，存在故意杀人的意图。

洪少华仔细地一一比对那5处特征。“不是61号！”他给出了断定。

为了证实自己的判断，他再一次反复比对，排除哪怕一点点微小的差错。他向大家分析其中的疑点、不能匹配的原因，最后，大家达成了一致意见。

指纹比对重新开始。在指纹相对清晰的情况下，洪少华一天可以比对几百份，比普通技术人员的比对速度快3倍。但此次情况特殊，他已做好加班熬夜的准备。像往常一样，他从1号嫌疑人开始比对。

5名刑事技术骨干凝神静气，全身心地投入，比对工作持续了整整一天，直到下班，最后的嫌疑人仍没有定下来，第二天，比对工作继续进行。办公室很安静，大家心中隐隐有个念头，看谁能第一个将嫌疑人找出来。洪少华沉浸在自己的世界，仿佛老僧入定，他知道越是在这种环境下，越需要保持节奏和谨慎。

“找到了！”洪少华突然喊道。

是谁？大家不约而同地望着他。

"60号!"他回答。

当天，仙桃方传唤了60号嫌疑人。经再一次指纹、足纹比对，确认与命案现场留下的痕迹一致，嫌疑人对自己的罪行也供认不讳。

悬案告破，洪少华得胜而归。

去伪存真，纠错只在一瞬间

这些年，洪少华许多次作过这样的判断。是或者不是，这是一个简单的选择题，但不允许出错，需要细致，再细致，谨慎，再谨慎，因为，这关乎一个人的命运甚至生死。

2013年，洪少华参加了湖北省公安厅组织的指纹会战，在复核近几年刑事案件的过程中，他偶然发现一起奇怪的案件。

那是发生在2006年的一起故意杀人案，现场留下一枚血指纹，警方锁定了嫌疑人，案卷显示"历年结案"。通常，对已具结的案件，指纹比对的意义不大，但受特有的好奇心的驱使，洪少华将血指纹输入到指纹库，没想到，意外出现了，结果显示血指纹与2012年一起破坏公共财产案犯案人黄某的指纹高度重合。

一个在命案中留下血指纹的嫌疑人，极大概率就是罪犯。但这样一个重刑犯，为什么没有被绳之以法，反而能在短时间内继续作案呢？洪少华再次仔细查看相关材料，案发地是省内某市，案件现场留下一枚血指纹，但黄某当年没有犯罪前科，没有在指纹库里留下样本，因此没有被纳入嫌疑人行列。案件最终认定了另一个人并结案。

洪少华陷入沉思。没有纳入嫌疑人行列，这意味着黄某与受害人没有明显的交集，或者有交集而没有被警方发现，再或许，黄某只是入室盗窃，被主人发现后慌忙中将其杀死，然后藏匿了行踪。无论哪一种，这枚与黄某息息相关的血指纹都是不解之谜。

他再一次查看黄某的个人资料：32 岁，黄冈人，职业不稳定，性格暴戾，常与人打架斗殴。照片里，他微垂着头，只抬着一双眼，表情阴郁。

洪少华在心里还原了黄某 2006 年时的模样：25 岁，中等身材，消瘦，任何一件小事都可引发其不甘或愤恨。2012 年的盗窃公共财产案证明此人具有暴力和犯罪倾向。那么，2006 年的那起命案，极有可能是他初次犯案。

他脑海里浮现出这样的情景：黄某悄悄潜入室内，手持利器猛地刺向受害人，逃离的时候不慎留下了血手印。

洪少华将血指纹与黄某的指纹反复进行人工比对，最后确定了自己的判断。他发表过《指纹破案之我见》《如何更好提取各类现场指纹》等论文，对指纹有自己独到的见解。世界上没有完全相同的两枚指纹，他的使命就是在微不可察之处找出它的特征，然后指向隐藏在人群中唯一的嫌疑人。

他再一次证实了自己的判断，陷入长久的沉默。如何重新侦察此案，如何向上级汇报这个案件的疑点，这让他有点坐立不安。不同于往日的那些案件，每每真相大白，他总是长长吐一口气，感到浑身畅快。此案一旦推翻，意味着警方既往作出的一系列结论都是错的。

晚上，他接到儿子的电话："爸爸，你什么时候回家?"

"快了，快了……"他回答。

妻子和儿子早已习惯了他的加班、出差，几天几夜不回家是常态。如果儿子给他打电话，通常是想爸爸了。在儿子心里，爸爸是偶像，他早已下定决心将来要报考警官学院，"和爸爸一样，做一名警察"。

那个深夜，他独自走出办公大楼，街道寂静，只有两旁的路灯亮着，整个城市已经陷入沉睡，那些久已遗忘的往事，像胶片一样慢慢浮上心头。

1991 年 9 月，洪少华从沙洋县后港镇考入湖北省公安高等专科学校，三年后，他走进沙洋县公安局的大门，成为一名人民警察。1996 年 2 月调入刑侦大队。这些年，面对无数个大大小小的案件，他竭尽全力地投入其中，努力寻找真相，不留一丝遗憾。

第二天，他写了一份报告，向上级汇报这起杀人案的疑点，并附上详细的论证材料。

湖北省公安厅立即重新立案侦查。在翔实的证据面前，黄某认罪服法。

淡泊名利，只为一份执念

细致、好奇心、想象力是体现洪少华性格和作风的关键词，能够说明为什么他在同一个岗位战斗了近 30 年却依然能保持高度的敏锐；也能解释他带领的沙洋公安刑事科学技术室，为何能从三级技术室跻身一级示范单位行列。

洪少华出生在沙洋县后港镇，在那里长大，父母都是教师。在他眼里，父亲是一个很严格的人，母亲则很温柔，因此，他有什么事都跟母亲讲。

父母两种截然不同的气质在他身上得以融合。他的几位徒弟说，师傅平时很温和，从不争长论短，但只要进入工作状态就变了一个人，要求他们“一定要做到极致”。县刑侦大队副队长郭义对一件事记忆犹新。有一次，他们收到报案，某村的变压器铜芯被盗，洪少华带他们去现场。他们一看全都傻了眼，因前两天起风下雨，上千块硅钢片四处散落，勘验工作非常困难。但洪少华下令，所有的硅钢片必须全部翻起来，一片片地检查有无遗留指纹。那时气温达到 36 摄氏度，大家在太阳底下暴晒了半天，终于发现了一枚戴手套的指纹，成为案件的突破口。

1996 年 7 月，参加工作不久的洪少华（左一）勘察案发现场。

洪少华曾担任沙洋县公安局刑事侦查大队教导员，但他觉得自己很“宅”，更适合干技术工作，为此他一直向上级申请辞去这个行政职务。这个愿望在 2024 年 3 月得以实现，他转而成为一名普通的干警。此前，沙洋县公安局刑事科学技术室——“洪少华工作室”刚刚获得“荆门市公务员先进典型工作室”殊荣，是全市 6 个先进典型工作室之一。

1999 年的一个冬夜，在紧急赶赴现场的途中，车辆突然爆胎，洪少华连人带车翻进沟里。因为工作忙，他没有顾及身体的疼痛，只简单地在医院做了处理。半年后，腰部疼痛突然加剧，一连几个晚上他都在睡梦中疼醒，只能坐着熬到天亮。经检查他才得知身患强直性脊柱炎，但因拖延过久，已没有治愈的可能。

对这个病，洪少华已接受了它，学会了与它“和平共处”。

那根放在办公桌旁边的1米多长的木棍是他特制的，其长度稍短于办公室墙壁与座椅之间的距离，当突如其来的疼痛出现时，他就将木棍一头抵在墙上，另一头抵在腰间，以缓解疼痛。

这么多年过去了，洪少华仍记得那一天，刚刚参加完高考的他兴冲冲地跑回家，母亲在厨房做饭，父亲在院子里收取晾晒的衣物，一棵高大的樟树遮蔽了半个屋顶，显得凉爽而安静。晚上，他们三人围在灯下，商讨怎么填写高考志愿。各种院校的资料摆放在桌上，最后他将“湖北省公安高等专科学校”放在首位。

“你想当警察？”父亲问。

“对！”他回答。

“为什么？”父亲又问。

他仔细地想了想，说：“警察特别勇敢，特别有智慧，而且光荣。”

如今，警察洪少华凭着勇敢和智慧，已成为警务技术一级主管，警务技术四级主任，先后荣立个人三等功、二等功、一等功，并荣获“荆门市劳动模范”“荆楚楷模”“湖北最美警察”“全国特级优秀人民警察”等称号。他用30年的光阴，亲身展示了人民警察的勇敢、智慧，也体味到了人民警察的光荣。

“只有当一名出色的警察，才对得起这一身警服，才算是真正圆了自己的警察梦。”

——姚　刚

姚刚：挑战不可能的“影子神探”

金成海

2018 年 2 月 15 日，农历大年三十的下午，中央电视台综合频道正在播出“《挑战不可能》年度盛典”。

一位身穿警服、眉清目秀的警察作为挑战者出场了，他挑战的项目是“辨影识人”。幕布后面，是 10 对双胞胎模特，她们按照随机打乱的编号顺序迈着标准的模特台步，依次走过。挑战者只能隔着幕布，观察这些双胞胎模特的身影，而且，这些模特身体的大部分部位被幕布遮挡着，只能看到她们的脸部和膝关节。

模特走过之后，现场 4 位嘉宾各自随机抽取了一个号码，主持人撒贝宁把号码交给这位年轻警察，让他找出这 4 个相对应号码的双胞胎模特。

双胞胎，有异卵双胞胎和同卵双胞胎之分。异卵双胞胎是由妈妈体内的两个受精卵发育的两个胚胎，而同卵双胞胎则是由一个受精卵分裂成的两个胚胎。相比异卵双胞胎，同卵双胞胎之间的相似度更高，几乎难以辨认，加上是现场直播，这对挑战者的心理素质是极限挑战。

只见这位挑战者调整好情绪，气定神闲地迅速搜索、比对、排除，再像放电影一样地让 20 位模特的身影在脑海里一一回放，然后果断指认了 4 名模特。

被指认的 4 名模特走到前台，主持人撒贝宁一一核对之后，激动地宣布：4 个号码全部正确，挑战成功！

现场嘉宾和观众啧啧称奇，报以潮水般的掌声。

这位《挑战不可能》节目上的年轻人就是来自湖北省沙洋汉津监狱的普通民警姚刚。加上之前的 2017 年 11 月 26 日和之后的 2019 年 2 月 4 日，他三次在中央电视台成功挑战不可能。

挑战不可能，他走上 CCTV

也许人们会问：“一个狱警，管好罪犯就行了，挑战这个干吗？有必要吗？”姚刚的回答是肯定的：“有必要，很有必要！”因为，这是与他的工作息息相关的一项特别技能。

罪犯是一个特殊的群体，监狱是一个特殊的地方，罪犯扭曲的灵魂需要在这里得到矫正。监狱民警的日常工作就是从点点滴滴抓起，教育管理罪犯，让他们学会规范，学会自律。

姚刚在中央电视台成功挑战不可能的消息传遍大江南北，也传进了监狱。有一位正在监狱接受改造的罪犯给姚刚写信说，看了姚刚成功挑战不可能，他深受感动，没有想到，监狱民警为了教育改造罪犯付出了那么艰辛的劳动。他决心好好改造，出狱后努力奉献社会。

的确，监区民警的付出确实是超常的。他们每天都要与留着相似发型、穿着相同服装的罪犯打交道，如果不能一眼认出罪犯来，就会给管理带来相当大的麻烦。比如，甲罪犯故意损毁了一件公物后迅速混入罪犯队伍中，狱警就有可能错认为是乙罪犯或丙罪犯，一旦这样，罪犯就会借故起哄，不仅不能让肇事者得到应有的惩罚，而且狱警在罪犯中的威信也会降低，罪犯会不服从管教，没准还会弄出惊人的动静来。

为了抓好对罪犯的教育改造，沙洋汉津监狱率先创造性地开展了“三辨一识”民警素质教育活动，倡导民警苦练内功，练出绝招，通过辨影识人、辨音识人、辨字识人、科学识人，从身体到心理，从表征到内质，掌握犯罪心理，甄别改造行为，科学认识罪犯，从而提高民警素质，实现监管安全稳定。

2019 年，姚刚成功登上央视《挑战不可能》荣誉殿堂。

在这样的工作环境中，2013 年才加入监狱警察行列的姚刚，很快练就了一项超乎常人的技能，他能通过走路步态识别目标人物。

在技能大比武中，姚刚从监区走到沙洋汉津监狱，又走到沙洋监狱系统，再从全省 28 个监狱系统脱颖而出。最终，他走上了中央电视台，让全国人民认识了一位不一样的监狱警察，著名华裔神探李昌钰博士称赞他是“影子神探”。这一年，他刚满 27 岁。

爱岗敬业，做让人放心的警察

有人要问：全省全国有那么多的监狱民警，为什么会是姚刚？

台上一分钟，台下十年功。姚刚的成功绝非偶然。

90 后的姚刚从小就有个警察梦。在他的心目中，警察就是正义的化身。高考时，他填报的志愿就是警官学院，学习的是技侦专业。2012 年毕业后，他考入沙洋汉津监狱，当了一名普通的监狱民警。按照一般人的思维，当了警察就是端上了“铁饭碗”，可姚刚却一点不短视。他对自己的要求是：“只有当一名出色的警察，才对得起这一身警服，才算是真正圆了自己的警察梦。”

热爱，是姚刚成功的前提。正因为热爱警察这个职业，姚刚才会从点点滴滴做起。

姚刚所在的三监区教导员罗星坦言：“平时真的没有觉得姚刚有什么了不起，他就是一个很平常的民警。但是他的日常表现又在明明白白地告诉你，他是一个可以让人放心的警察。”

好一个“可以让人放心的警察”！这句话无异于一枚军功章。

姚刚不仅让人放心，而且十分虚心。谈到他的成绩，他更多的是谈他的同事们。

“我有很多的学习榜样，记得从警不久，一次值班时一名罪犯因心脏病需要紧急外医，在家轮休的监区长得知情况后，主动放弃休息进监支援，直到罪犯病情平稳后，他才告诉我们家中 80 多岁的老母亲正重病住院，全靠妻子一人在照料。他的这种选择和无私付出让我由衷敬佩。还有很多同志为了更好地保障监管安全，不惜牺牲个人休息时间，奋战在监管一线。他们有一个共同特点，那就是作风过硬，业务精湛。”姚刚如是说。

优秀总是从有心开始的。姚刚从同事们身上看到的是“作风过硬，业务精湛”，他找到了学习的标杆。

参加工作后不久，姚刚对管理一块并不熟悉，为此他吃不下饭，睡不好觉。为了提高自身业务水平，他利用业余时间去其他管理较好的监区学习经验，通过读书提升管理理论认知。他结合监区实际，不断借鉴并摸索合适的管理模式，不断加强各项技能学习，了解管理细节，对各个环节做到心中有数，不久就受到了上级表扬。

姚刚为教育转化罪犯，与地方相关部门进行电话沟通。

精益求精，他是识影辨人的痴迷者

姚刚认为，当一名出色的监狱民警，需要多方面的知识，掌握多方面的技能。

沙洋汉津监狱开展“三辨一识”的业务练兵活动后，姚刚在工作中主动琢磨起来：面对相同的服装和相同的头型，一眼看上去一模一样的罪犯，如何从相同中找出不同呢？通过观察，他发现罪犯走路的姿势各有不同，有的前倾，有的后仰，有的走颠步，有的走拖步，即使步伐相似的罪犯也有幅度大小和角度的区别。他灵机一动，找到了突破口：通过走路步态识别目标人物。从此，只要有机会，他就刻意观察每一个人的走路、身影等特点，并做好记录。

牛刀小试的机会终于来了。

有一天，大雾天气，能见度低，巡查的监区民警发现从监区的一个窗户扔出了一个纸团，狱警捡起那个纸团，发现是被撕碎后揉成一团的，拼凑起来后，发现纸上写的内容不利于罪犯改造，有可能是群体性事件。

但一时无法确定是谁扔的这个纸团。询问罪犯，既没有人揭发，也没有人承认。监狱为此成立了调查专班，姚刚被纳入专班中。

最初接触这个悬案时，姚刚想通过视频回放的方式找到一些线索，但视频里只有一只比较模糊的扔纸团的手，而且那只手迅速收了回去。姚刚反复观察并与监区罪犯进行一一比对，最终他锁定了一名嫌疑人。嫌疑人立刻被带到了谈话室，几番询问后，嫌疑人最终承认了违纪行为，并交代了其他几名同伙。

为了训练自己的记忆，姚刚还把圆周率背到了100位以后。姚刚常常陷入深深的思考中，通过缜密的思考，找出了识别技能的一些规律。他会把人物形态、动态作为识别素材，不断巩固记忆，再遇到类似形态、动态时，会用联想的方式进行辨认。他摸索出了很多种记人的方法，比如对头部的记忆，他把头分成很多种类型，针对目标不同的头型加强记忆。他经常在生活中观察他人，以积累素材并利用复杂环境锻炼自己的观察与记忆能力，以便让自己在实际工作中能更好地发现问题、解决问题。

姚刚的同事韦达说："姚刚对识影辨人几乎到了痴迷的状态。"韦达清楚地记得，他陪同姚刚第一次上中央电视台《挑战不可能》节目的前夜，他们住在北京的一家酒店等待彩排。"我自以为自己是个起早的人，每天早上五点半准时起床。第二天，我起床时，发现对面床上的姚刚眼睛正一眨一眨的，原来，他竟醒得比我还早。我问他怎么这么早，他说，早上记忆力好，把脑子里的东西再理理，会记得更牢些。"韦达由衷地评价："姚刚很用心，我们赶不上他。"

姚刚的妻子蒋银娟也是一名狱警，她佐证了韦达的说法。

有一天晚上，姚刚提出和妻子一起逛街，蒋银娟很诧异，结婚以来，姚刚还是第一次主动带她上街。她满心欢喜地随他去逛夜市，蒋银娟心想，他可能要为我挑选一件好看的衣服吧。谁知，一到街上，姚刚就盯上了来来往往的行人，而且每盯上一个人都要花很长时间。蒋银娟一下子明白了，她是陪同者，陪他来练习识人记忆力的。蒋银娟又好气又好笑，故意推了他一把，说："只许盯男人，不许盯女人！"姚刚不好意思地笑了。

带徒授业，一花引来万花开

姚刚先后获得湖北省青年五四奖章、湖北省先进工作者、湖北省五一劳动奖章、司法部新时代司法为民好榜样、共青团中央十八大代表等多项荣誉。但姚刚深知，他的成功离不开组织的培养和同事们的帮助，因此，他又把这份特殊的技能毫无保留地传授给同事们。

开展“三辨一识”岗位练兵活动，既是对基层民警岗位能力的一种提升，也给青年民警提供了一个很好的平台。“我就是‘三辨一识’岗位练兵活动的受益者。”姚刚说。

能够先后三次顺利参加央视《挑战不可能》节目，姚刚把这份荣誉归功于领导的信任及支持和同事们的关心及帮助，“是湖北省监狱系统的各级组织把我送到了巅峰时刻”。

第一次收到参加央视《挑战不可能》节目的通知时，姚刚既兴奋又紧张，因为这是一个展示监狱民警整体形象的大好机会，对个人而言也是一次巨大的考验。为此，监狱成立了项目专班，为他组织专项训练、测验，监狱领导密切关注训练进展，为他鼓劲，减轻他的心理压力。

监狱系统的组织很精细，监狱管理局下面是监狱，监狱又分为若干监区，监区再分为若干分监区。犹如少林和尚下山必须挑战铜人阵一样，姚刚就是从监区起步，一级一级、一步一步地“打”出来的。

在监区组织的挑战中，分监区有啦啦队为他加油；在参加监狱组织的挑战时，监区的民警们就组织起来为他鼓劲；在参加沙洋监狱管理局的挑战时，汉津监狱监狱长亲自带队组团助阵；参加央视《挑战不可能》节目的前前后后，湖北省司法厅、湖北省监狱管理局的领导不知替他操了多少心。

为了发挥姚刚的领头雁作用，培养更多的“影子神探”，经上级批准，2017 年 11 月，汉津监狱成立了姚刚创新工作室，7 名青年狱警成为姚刚的徒弟。

姚刚组织工作室成员坚持每月开展集中学习，和大家分享管教工作经验，每季度开展“三辨一识”岗位练兵活动。2023 年 11 月，姚刚被提拔为狱侦科副科长，后来牵头科室工作。2024 年 8 月，姚刚又担任了监狱团委书记。虽然成为机关干部，但他仍然没有丢下自己的老本行，用三分之一的时间来打理工作室。他还经常深入监区、分监区调查研究，熟悉每一个服刑人员的基本情况，与各监区进行“三辨一识”工作交流和探讨，从理论上不断完善“三辨一识”。

2018 年，姚刚（后排中）与姚刚工作室的徒弟们在一起。

为了擦亮工作室这个品牌，姚刚自我加压，进一步拓展工作室的功能，让工作室成为监狱青年民警的轮训中心。近年来，随着监狱警察更新换代，越来越多的年轻人走上了警察岗位，他们有的是热情，缺的是经验，姚刚工作室承担了让年轻民警更快熟悉业务、进入角色的重任。几年来，他不仅请老领导、老民警为青年民警讲课，还把自己在“三辨一识”中的工作经验和体会与青年民警分享，授课达 20 多次，先后有 3600 人次民警在他的工作室接受了培训。许多青年民警通过培训和锻炼，成为千里眼、顺风耳，懂得了“读心术”，逐渐在各自监区成为独当一面的能手，有的在“三辨一识”竞赛中始终名列前茅，有的每年转化顽危罪犯 10 人以上，成为全省监狱系统管教能手，有的荣获了“优秀监狱民警”称号，还有的走上了监区领导的岗位。

一花引来万花开，在姚刚的榜样力量的引领下，沙洋汉津监狱乃至湖北监狱系统的“影子神探”越来越多。

“一个将处于绝境的生命，能在我这里获得新的动力，这是我的幸运，也是一种幸福。”

——范芹梅

范芹梅：爱是一种滚烫的输出

毛祖华

血液系统中的成熟细胞寿命极短，造血干细胞就像人体的细胞加工厂，需要根据机体的生理需求适时地补充血液系统各个成熟细胞组分。一旦这座细胞加工厂出现故障，生命就会陷入绝境，因此，捐献造血干细胞就显得格外重要。

范芹梅就是一位造血干细胞义务捐献者。她说："一个将处于绝境的生命，能在我这里获得新的动力，这是我的幸运，也是一种幸福。"

为捐献造血干细胞，范芹梅暂停了旅行社业务

早晨6点，范芹梅像往常一样醒来，这是她长期以来形成的生物钟。她起床，到厨房煮了面条，撒上丈夫爱吃的油泼辣子。丈夫随后也起身，到附近的早点铺买回妻子爱吃的豆浆和油条。

"真不需要我陪你去？"丈夫问。

"真不需要。"范芹梅回答。

"到了那边，有什么事一定要跟我联系。"丈夫又叮嘱道。

"嗯。"范芹梅又答。

7点钟，丈夫去往自行车专卖店。出门前，他再一次叮嘱妻子，眼里

隐含某种担忧。

范芹梅将家里细细收拾一遍，开始整理自己的行李：换洗衣物、身份证、体检报告。

丈夫又打来电话，问是否需要开车送她去车站，她拒绝了。

范芹梅是沙洋县义工联合会发起人之一。图为 2023 年 12 月沙洋县义工联合会成立 10 周年时范芹梅留影。

夫妻俩开了一家旅行社和一家自行车店，范芹梅守旅行社，丈夫守自行车店。为了此次武汉之行，她已决定将旅行社关门一周，不能再耽误自行车店的生意。

8 点 40 分，范芹梅到达卷桥客运站，买了一张沙洋至武昌的车票。

这天是 2024 年 7 月 3 日，微风，小雨沥沥，道路两旁的樟树被洗刷得翠绿油亮，整个县城显得润泽而安宁。上车前，她深深吸了一口气。

3 个月前，范芹梅接到一个电话，手机显示为“荆门市红十字会”。这个电话号码并不陌生，作为沙洋义工联合会发起人之一，在长达十多年的时间里，她与红会有过多次联系。她没有犹豫，马上接听。

“您在 2020 年申请了造血干细胞捐献，对吧？”简短的寒暄后，对方问。

“是的。”范芹梅回答。

“现在有一名患者需要造血干细胞，我们搜检了血库里的信息，您的血样与他适配度最高。如果一切指标合格的话，您愿意捐献吗？”对方又问。

“哦……”范芹梅明白了对方的用意。

“您可以仔细考虑一下。”对方说。

距离申请成为造血干细胞捐献志愿者已有 4 年，其间她接到过一次这样的电话，因为患者的原因而放弃了。突如其来的电话，让她稍感不安。第二次抽取血样后，范芹梅将这件事讲给丈夫听，丈夫半天没有作声。她理解丈夫的担忧，通常情况下，人们很自然地将造血干细胞捐献与自身身体损害联系起来。范芹梅今年 41 岁，已不再年轻，是一个 19 岁女孩的妈妈，担负着全家一半的重担。

“一定要捐吗？”丈夫问。他一向体贴，也是义工联合会的一员，曾奋不顾身救起一名落水者。

“如果我不捐，那个人可能活不了。”范芹梅说。

按照规定，造血干细胞捐献志愿者的年龄在18—45岁，范芹梅年龄偏大，并不是最佳人选，但以适配度来看，她与患者的HLA高分辨配型达到罕见的9点。红十字会的工作人员告诉她，除了她，现阶段已找不到更适合的捐献志愿者。

“我还是担心……”丈夫说。

“有什么好担心的？现在跟以前不一样了。”范芹梅安慰丈夫，也表明她下定了决心。

她给丈夫科普：原来的医学技术不发达，造血干细胞只能通过采集骨髓血来提取，创面大，易感染；现在是从外周血中直接采集，免除了捐献者的痛苦。

但夜里，范芹梅感觉到丈夫一直在身边辗转反侧。

范芹梅把冬冬带大了，因为她是“义工妈妈”

这些年，范芹梅有过许多遗憾。怎样帮助一个人，怎样最大程度地帮助到一个人，这些貌似简单的话题却让她感到沉重。她需要不断地问自己，究竟能做到哪一步。

2016年，当个子小小的冬冬出现在她面前，范芹梅眼圈不禁红了。

这个小男孩10岁，一张脸怯生生的，一双鞋明显不合脚，过于肥大的外套穿在身上，更显得身形瘦弱。有人问话时，他总是飞快地抬眼，马上又垂下眼帘。他的父母亲都是残障人士，无法照料他，他从小跟着年迈的祖父祖母生活。

“以后我来跟你玩。”范芹梅弯下腰，摸他的脸。

他低着头，不作声。

“真的，以后我会常来的。”范芹梅告诉他。

“嗯。”冬冬半信半疑。

冬冬是范芹梅在义工活动时偶然知道的一个可怜孩子。第一次见面，她带了些学习用品和零食，孩子很喜欢，特别是那个带小熊图案的文具盒，冬冬一见就爱不释手。买这个文具盒的时候，范芹梅选了很久，卡通漫画、花草图案，最后她一眼看中这个胖胖的、带着萌宠笑容的小熊。第二次见面，她带来两套新衣服和新鞋，冬冬穿上很合适，左看右看，一双眼亮亮地闪着光。

“你真是个帅哥。”她赞美他。

小家伙的脸红了。

“以后就叫我范妈妈吧，缺什么都跟我说。”

小家伙不作声，一双眼睛牢牢盯在她身上。

她带他去户外玩滑板，和他聊天谈心，后来将他纳入“爱心妈妈”团队，他变得越来越开朗。

“爱心妈妈”是沙洋义工联合会的一个项目，采取一对一的方式，由义工对辖区内的孤儿或贫困儿童进行扶助，直到他们年满 18 岁。有时范芹梅想，自己为什么会遇到冬冬。他们就像一条路上相向而行的两个人，彼此盼望、寻找，最后终于看到了对方。这是属于他们的母子缘分。

冬冬上初中后，在大桥中学就读。他住集体宿舍，每到周五放假，他就来到范芹梅的店子里做作业、吃饭，然后乘车回马良的家。周日下午再乘车来到范芹梅的店子，做作业、吃饭，然后回到学校宿舍。这个习惯一直保持到考上沙洋高中。现在冬冬已是高三年级的学生。

孩子很聪明，这是范芹梅的骄傲。他做作业从不走神，即使店子里的人很多，他也在那里安安静静。他也很细心，一次范芹梅的手指划伤了，他立即找来一片创可贴，小心翼翼为她贴上。他腼腆，不爱说话，但每次她跟他聊天，他都面带笑容，侃侃而谈。他的个子蹿得很快，已经有 1 米

78的个头，像个真正的男子汉一样，能够帮着做一些体力活。再过一年，他将满18岁，会走进一所向往的大学，闯出一番自己的天地。想到这些，范芹梅心里常常涌起“我家有儿已长成”的满足。

跟范妈妈在一起后，冬冬开始每年过生日，收生日礼物，吃生日蛋糕；每年春节会得到一套新衣服和一个新年红包；每个寒暑假，会和小伙伴们一起，参加社区举办的大学生志愿者辅导班。有时许多人外出郊游，野炊，做游戏，他在人群里无所顾忌地穿行，自由地奔跑。

冬冬很喜欢范妈妈的样子。她爱笑，眼睛常常眯起来，说起话来特别温柔。范妈妈给他照相，单独的、与人合影的，他咧嘴笑着，心里充满了甜蜜。他最喜欢的是这一张：范妈妈一手搂着他的腰，一手高高扬起臂膀，向着天空高兴地挥手。现在他的个子已比范妈妈高，他想，以后自己可以做她的依靠。

“你上大学后，我们见面就少了。”范妈妈讲。

“是的。”冬冬回答。

“有没有一点失落？”她笑。

他的脸红了，然后抬起头，也笑起来。

他心里一直有个隐秘的想法。大学生志愿者辅导班有个小周老师，大方亲切，讲课也好，听说她从前也是受义工扶助的孤儿。他想好了，以后上了大学，他也像小周老师一样，回沙洋做一名义工。

“忍忍，再忍忍！为了患者，一切都是值得的”

许多次，当范芹梅回忆自己一路走来的经历，也会生出许多感慨。

2008年，她25岁，在瞎子巷卖童装；结了婚，有了一个2岁的女儿。此前她从荆门体育学校毕业，有过2年在东莞打工的经历。如果不出意外，她将和大多数女性一样，过一种普通的相夫教子的生活。偶然的机会，她关注到荆门运动人网站，上面除了发布徒步活动消息，也夹杂一些义工活动的新闻。

范芹梅在打理旅行社的业务。

她因此认识了很多人，他们阳光、热情、真诚，对于想做的事一往无前。她喜欢他们，不仅因为彼此志趣相投，还因为他们身上蓬勃的活力。她曾问自己，为什么会投身于义工这样一个行列，是因为某个人的指引还是群体的感染？她无法说清。只能说这是她另一种人生的开端，从此之后有了另一番天地。也许，这就是长久以来她渴求的生活。

范芹梅到达武昌的宏基车站时，已是下午 2 点。她在车上已吃过一块面包，并不感到饿，只是稍微有些疲倦。其间，她接到过几个客户的电话，希望和她面谈旅游的事，她都抱歉地回绝了。此时正值暑期，是旅游旺季，许多家长选择陪同子女外出游历，范芹梅的捷美旅行社已开办多年，在沙洋有一些知名度。

作出造血干细胞捐献的决定后，她明确了相关流程：首先按照红十字会的要求，4 月 29 日在荆门某医院进行针对性体检；如果各项数据达标，捐献者要在实施捐献前保持身体锻炼和清淡饮食；捐献时间定在 7 月 4 日—8 日，其中 4 日—7 日为预备期，8 日正式实施捐献。

这也意味着，旅行社必须关闭整整一周。

一切以患者为先，范芹梅没有提出任何异议。她知道这一系列的安排，都是遵从患者的病程发展及治疗考虑。

下午 2 点 30 分，范芹梅到达武汉市中心医院。医院位于江岸区胜利街，淡灰色的外墙和弧形的拱门显得庄严肃穆。她走进住院部，在服务台报出自己的名字，穿护士服的女孩立刻向她绽露出笑容，指引她进入三楼的血液科。省红十字会已经提前为她办好了入院手续。几乎同时抵达的，是荆门红十字会的工作人员。

医护人员告诉她，尽量不要外出走动，作为患者唯一的供给者，保护好自己，这也是为患者提供最大的保障。

范芹梅完全听从医生的指令。从 4 日起，护士每天早晚两次在她的手臂注射动员针剂，以刺激造血干细胞的产生。第一次注射开始了，剧烈的胀痛让她几乎要叫出声来，但她极力忍住了。护士非常有经验，立即放缓推入的速度。第二次注射，疼痛没有减轻，整个身体仿佛僵住了，呼吸都有些困难。护士告诉她，这个针剂进入身体后的确会带来疼痛，每个人因个体的差异反应程度不一样，如果疼得厉害，可以吃一点止痛药。

那几天夜里，范芹梅疼得睡不着觉，五脏六腑仿佛有锐器刺入。她竭力去想其他的事，让注意力转移。她想象那名等待捐赠的患者，想象他（她）的年龄、形貌，又想起另一名白血病患者，她和队友们曾通过书籍义卖方式来帮助他。她们起早贪黑，一周内卖了一万多册书，使他顺利得到第二次骨髓移植。

“忍忍，再忍忍！为了患者，一切都是值得的。”范芹梅暗暗鼓励自己。

捐献路上，范芹梅不是一个人在战斗

范芹梅并不是沙洋第一个造血干细胞捐献者。2019 年和 2020 年，吴时元和曾令兵从沙洋出发，分别去往武汉某家定点医院。那里，有两名生命垂危的患者等待他们的到来。

曾令兵是沙洋公交公司的一名员工，也是沙洋义工联合会的一员。吴时元是拾桥镇周店村三组的村民，2019 年 1 月他捐献完成后，没有惊动任何人，若无其事地回到自己家中。

2011 年 11 月 7 日，21 岁的余代翔从天门出发，坐上一辆大巴，前往武汉同济医院。他刚从岳阳职业技术学院临床专业毕业，在天门第一医院实习。那天阳光明媚，连续下了两天的雨停了，整个天空湛蓝而明净，道路两旁的白杨树显出金黄气质，余代翔微微紧张的心变得笃定。这是他成为医生的第一年，也是父亲去世的第三年。他的父亲余传清是李市镇永久村的一名村医，去世时留下 500 张处方欠条，都是村民看病欠下的。同时留下的，还有一枚未曾火化掉的硬币。

小时候，余代翔常常被急促的敲门声惊醒。他知道不论大雨大雪，无论天有多晚，只要有人敲门，父亲都会立马起身，背上药箱出诊。如果病人需要转乡镇卫生院，父亲整晚都不会回家。余代翔很喜欢那个药箱，它是木质的，长方形，表面涂着暗红色油漆，翻盖处以两片黄铜锁片扣合，药箱两侧拴着一条长长的、可以负在肩上的帆布带。他想象着有一天，自己也会背上它，被一群人簇拥。

那个药箱，现在已没有人使用了，油漆剥落，箱体斑驳，仿佛一个完成使命的人，卸下了铠甲和行装。除了那500张处方欠条，里面空无一物。

“爸爸，当医生有啥好?”

“挺好呀，治病救人。”

“赚不赚钱?”

“这个，不能这么说。”

父子俩的那次对话似乎变得遥远。上高中后他住集体宿舍，与父亲说话的机会不多。父亲去世的那天他正冲刺高考，没能与父亲见最后一面。父亲有没有未完成的遗愿？他不知道。唯一与父亲牵连的，是那枚未曾火化掉的硬币，应该是被遗漏在哪个口袋，没有被发现。那是一枚五角钱硬币，已被烧得卷曲变形，仍能看出它的纹路和质地。父亲下葬前，余代翔从骨灰盒里取出了它。

他报考了岳阳职业技术学院临床专业，他觉得这应该是父亲的期望。上学那天，他独自前往学校报到。一个周日的下午，他站在学校的大门前，默默看着来往的行人和车流。对于将来做一个什么样的人，过一种什么样的生活，他常常感到迷茫。一辆献血车经过，他摸了摸怀中那枚硬币，决心以这种方式表达对父亲的纪念。

“这张表格你看一看吧?”完成无偿献血，医生对他说。

造血干细胞的字样映入眼帘，余代翔没有犹豫，像做选择题一样填写了表格。

现在，他带着那枚硬币上了路。他的手伸进兜里，再次紧紧攥住了它。触感微温而坚硬，仿佛小时候握着父亲的手，骨骼挺括，温暖而踏实。他想告诉爸爸，最近他看到“义工”这个词，觉得爸爸和它的含义很像：“在不计物质报酬的情况下，基于道义、信念、良知、同情和责任，为改进社会而提供服务，贡献时间及精力和个人技术特长的人和人群。”现在他准备将骨髓血捐献给北京一个4岁的小女孩。6个月前红十字会给他打来电话时，他有过一丝犹豫和害怕。但现在他很庆幸，自己没有退缩和放弃。

范芹梅与曾令兵（左）、余代翔交流捐献造血干细胞的心得。

“马上到家”，范芹梅风轻云淡地给丈夫留言

2024年7月8日，早晨6点，护士来到病房，最后一次为范芹梅注射动员针，7点，再次抽取血样。

范芹梅感到有些紧张，她知道今天是正式捐献的日子。昨晚她在网上搜索了一些注意事项，捐献持续的时间很漫长，时长要根据患者的身体情况来决定。那也意味着，捐献者必须在捐献室躺更长的时间，如果中间小便的话，需要提前准备纸尿裤。她不能出门，陪同的红十字会工作人员是两位男性，这样的要求难以启齿。幸好可以在网上购买，但商家送上来的，并非纸尿裤，而是适用于女性经期的安睡裤。显然，这是一次难以预料的尴尬冒险。

此时丈夫用微信发来消息，问她情况怎么样，她打了一行字又删除，改成："一切正常。"

丈夫一向体贴，每天都会打来电话或微信问候，范芹梅没有向他透露身体的疼痛。母亲也打来一次电话，她像平日一样欢快地与母亲聊天。捐献的事她没有告诉父母，怕他们担心。他们住在官垱镇王坪村，只晓得女儿是一名义工，不知道她要做这么"危险"的事。

8点，护士领着范芹梅来到捐献室。捐献室内放置着一张床，紧靠床位的是造型复杂的血液成分分离机。范芹梅知道分离采集工作是在血液连续、不间断的情况下进行，需要建立两条静脉通路，一根用于采血，另一根用于回输。供者的血液从采血端连续不断地进入分离机，血液经过离心分离采集所需要的干细胞，剩余血液通过回输端回输至供者体内。

范芹梅躺上病床，医护人员进行准备工作，红十字会的两名工作人员陪护在旁。8点40分，分离采集正式开始。

她的心突突地跳起来，一旁的心电监护仪提示着血压上升。护士轻声提醒她放松心情。最初的紧张过后，范芹梅渐渐平静下来。想象中的眩晕和疼痛没有发生，她躺在那里，看两条输血管在她的身体与分离机之间循环往返，感到患者就在某一处正期待地向她观望。

"生命是什么呢？无非是一个人和另一个人，无非是一群人和另一群人，一个将要耗尽的生命，能在她这里获取新的血液和动力，她是多么幸运能拯救这个生命。”范芹梅想道。

所有的一切都没有白费，体检、锻炼、抽血、打针、疼痛，自己就像一个蓄满油箱的机器，等待需要的人尽情开采。为了实现这种开采，她现在必须打开自己，奋力地打开自己，将自己最好的部分裸露出来，将最宝贵的部分奉献出来，然后双手捧起，虔诚地送到对方面前。

时间仿佛停顿下来，她感到自己轻盈而飘荡，重新回到了学校的跑道上。许多年前，在体育学校的操场上，她曾一次次蹲下、起跑，然后奋力追赶她的同伴。从前她不知道这些追赶究竟有什么意义，现在她懂了，完全懂了。

下午1点42分，采集结束。医护人员告诉她，共采集了266毫升造血干细胞，这些珍贵的干细胞将送往浙大医院，最后输送到那位在无菌舱内焦急等待的患者的血管里。

范芹梅下床前，示意红十字会的工作人员回避。她担心的窘事终于发生了，她穿的安睡裤根本不吸水，导致床单被打湿了。但在采集过程中，她没有也不便向任何人透露。

7月9日早上8点，范芹梅出院。10点，她从宏基车站登上返回沙洋的客车。在车上，她再次展开那封手写的书信。“亲爱的陌生人，谢谢您的雪中送炭。这份善良和勇气，让我们深感敬佩和感激。您的捐赠不仅拯救了我家人的生命，也为我们全家带来了重生的希望。”

道路的一侧，成排的樟树蓬勃繁茂，大片大片的庄稼地一望无垠。她想起小时候，她曾在这样的田野里，欢呼着，跳跃着，内心充满了畅想和喜悦。手机里的消息不断弹出，叮叮咚咚，此起彼伏。她知道那是家人对她的盼望，也是她的队友在热烈地欢迎她的归来。一种从未有过的冲动涌上心头，她希望客车快一些，再快一些，自己想早一点回到队友的身旁。

她要把这 7 天的故事讲给他们听，把每一分、每一秒的心情讲给他们听，然后告诉他们，自己是多么渺小，又是多么幸运。

但最后，她只给丈夫留言："马上到家。"一切风轻云淡。

49

“劳模就是比别人做得多，比别人歇得少。”

——肖　燕

肖燕：用“五彩扫帚”描绘生活的美丽

金成海

2024年7月12日，中共湖北省委宣传部公布了2024年第二季度“荆楚楷模”，荆门市沙洋县环卫工人肖燕名列其中。

2023年10月18日，中共荆门市委、市政府举行荆门市“40年·40人·40事”表彰大会，肖燕（中）作为突出贡献个人受到表彰。（郑波摄）

看到大红喜报，肖燕的同事们为她高兴的同时却并不感到意外，因为，肖燕从事环卫工作近27年，已先后获得荆门市劳动模范、湖北省劳动模范、全国五一劳动奖章、荆门市“40年·40人·40事”等荣誉。

从自卑到自信，扫除心魔天地宽

1997年10月1日，年轻的肖燕走进了婚姻殿堂，这年她23岁。10月的江汉平原，秋高气爽，到处充溢着成熟庄稼的清香。当她回到娘家沈集镇乔集村，面对如痴如醉的景象时，她本能地醉了，这个勤快的姑娘一下子扑进庄稼的怀抱，在稻田里挥舞着镰刀收获着丰收的喜悦。

黄昏的时候，肖燕的新婚老公来接她回去，同时带了一个令人惊喜的消息：他的叔叔帮肖燕在沙洋找了一份工作！新婚燕尔本就令人陶醉，突如其来的工作更让肖燕惊喜得难以置信，她喃喃自语：“天哪，天哪，我要到城里上班了……”那一刻，她真切地体会到了什么叫“双喜临门”。

望着肖燕兴高采烈的背影，满头华发的母亲露出了开心的笑容。只有母亲最懂自己的女儿，读了十二年书，本想有所造化，可偏偏没有考上大学，这让肖燕深受打击，一直不肯出门。她要么闷在家里，要么在地里不知疲倦地干活，以此来排遣心中的苦闷。肖燕干农活是一把好手，一天下来，两亩田的谷子就整整齐齐全躺在了地里，顶着日头晒一天，肖燕原本细嫩的皮肤变成了小麦色，当妈妈的当然心疼。“现在好了……”想到这些，肖燕的母亲舒了一口气。

小两口骑着摩托车去见叔叔。车刚一驶进沙洋城区，尘土就像大雾一样飞扬起来，呛得肖燕直咳嗽，她赶紧叮嘱老公：“慢点骑，灰尘太大了。”不论有多慢，到达区政府大院时，肖燕两口子真成了“风尘仆仆”的人。叔叔告诉她：“沙洋区政府决定加大对街道环境卫生的清扫力度，要招收一批能吃苦、愿吃苦的女青年充实到环卫所，我已给你报了名，就看你愿不愿意干。”

肖燕想也没有想，高兴地说：“我愿意，我愿意！”

然而，肖燕第二天就后悔了。

她到环卫处报到后，领了一把长长的竹扫帚。一位环卫工大姐笑眯眯地说：“小肖，当环卫工首先要过心理关。”

肖燕将信将疑地问：“为什么？”

老大姐说：“我们这个工作是最让人瞧不起的，加上你年纪轻轻的，人又长得漂亮……”

肖燕答应叔叔的时候压根儿就没有想到工作还有贵贱之分，老大姐的话让她感觉心里没底了。

当她抱着长长的扫帚，走向繁华的三眼桥准备打扫街道时，她突然觉得周围的人都在看她，特别是当那些穿着时髦的同龄人从她身边走过的时候，她心里就涌动着一股莫名的自卑。

她忐忑不安地扫着大街，突然，一个从她身边经过的女子惊叫一声：“哎呀，怎么扫地的呀，没长眼睛吗？真是的！”一听口音，就知道是沙洋农场的人。原来她经过肖燕身边的时候，肖燕没注意，将垃圾扫到她鞋子上了。这一句话彻底击垮了肖燕的心理防线，她也不知道自己是怎么把那片责任区扫完的。还不到下班时间，她就回到了出租屋里，对丈夫大声嚷道：“不干了，我不干了，丢死人了！”

丈夫诧异地问：“怎么了？”肖燕不服气地说：“我堂堂高中毕业生，比哪个差？凭什么让人吼来吼去？”

第二天，肖燕果然没有去上班。第三天，肖燕也没有要去的意思。丈夫有点急了，小声说：“你看，我们房子租了，押金也交了，家具也搬来了，你说不干就不干，我们以后怎么办？”

第四天，叔叔风风火火地赶了过来。

当时，肖燕还没有办理招工手续，连续三天旷工，单位完全有理由将她除名。但领导本着对人负责的态度，给她丈夫的叔叔打了电话。叔叔知道侄媳是个老实能干的人，他按捺住内心的焦急，心平气和地问她怎么不去上班。肖燕就把自己第一天上班的经历讲了一遍。叔叔松了口气，劝道："燕子呀，当一个合格的环卫工人，首先就是要克服面子观。全国有成千上万的人当环卫工人，难道就你委屈？"

这话一下子把肖燕问住了。她想：是啊，我怎么就没有想到全国还有那么多环卫工人呢。叔叔见她没有申辩，便使出了缓兵之计："这样，你先坚持一段时间，等把招工手续办好了，争取找领导给你换个岗位。"

肖燕没等叔叔说完，不好意思地回答："我明天就去上班。"

重新上岗后，肖燕和许多刚参加环卫工作的姐妹们一样，在清扫中有两个必备的装备，一个是单位发的工作帽，必须压得低低的；另一个则是自己买的绿色纱巾，当作口罩围在嘴上，美其名曰讲卫生，实际上就是放不下面子，怕碰上熟人。因此，有些人背地里讥笑她们，称她们为"神秘女郎"。

最终让肖燕摘掉"神秘面纱"的，是一位同龄人。

1997 年 12 月的一个早上，肖燕正在自己的责任区内清扫街道，后面悄悄走来一名年轻女子，她手里拎着撮箕，里边装满了纸屑和杂物，她脚步轻轻的，担心不小心抖落了撮箕里的垃圾。她追上肖燕后，将撮箕小心翼翼地举到垃圾车上，慢慢地倾倒，然而，还是有几片纸屑随着寒风吹落在地上了。那女子放下撮箕，立即追赶，跑了足足 50 米才将那些"调皮"的纸屑捡在手上，她返回来，把纸屑扔进垃圾车里。肖燕连声道谢，可她说："不用谢，这是我们应该做的。你们环卫工多辛苦啊！"听了这话，肖燕感到一股暖流从心底升起："谁说环卫工让人瞧不起？我们的劳动有人理解，更有人尊重!”肖燕甚至在心里把自己与这位同龄人作了一番比较：“如果让她来做环卫工，一定做得比我好，因为她心中装着城市。”想到这些，肖燕感觉脸上有点发烧。她暗暗下定决心：“三百六十行，行行出状元，我就不相信我当不好环卫工人。”从那天起，肖燕扯下了自己的面纱，戴正了工作帽，把自己的本来面目展示在世人面前。

扯掉了“神秘面纱”的肖燕，就像换了一个人一样。她负责汉津大道的清扫保洁，每天清扫道路面积有6000多平方米，还要承担沿线果皮箱的清洗、移动垃圾桶的倾倒等工作。她每天凌晨4点就上班了，有时晚上10点多才回家，每天工作时间在13个小时以上，大大超过了国家规定的劳动强度，但肖燕并不介意，只一门心思地想把工作做好。一天工作下来，也常常累得腰酸腿痛，但第二天仍照常出现在自己的岗位上。

1999年10月1日，新中国成立50周年，也是沙洋县建县后的第一个国庆节。为了确保街道干干净净，环卫局总动员，要求工人们全天候值班。作为一线工人的肖燕，理当服从工作安排，然而，不巧的是，她儿子生病了。肖燕抽空把儿子送到医院，刚打上吊针就接到电话，通知说有任务。肖燕只好与护士商量，请她们代为护理儿子，科主任得知她离开的理由是为了清扫街道时，破例答应了她的要求，专门指派一名护士帮她护理儿子。看着因生病而萎靡不振的儿子，肖燕心里很不是滋味：儿子，妈妈对不起你……

从无心到有心，“五彩扫帚”写人生

如今，在沙洋城区，在沙洋各乡镇的大街上，都能看到环卫工手里的扫帚是一种五彩扫帚，扫帚顶端编着各种颜色的布条。这就是肖燕的发明。

肖燕在工作中的确感到很累。但她边工作，边观察，还一面琢磨：是不是只有自己一个人觉得这么累？她的师傅，从 1987 年就开始从事环卫工作的牛晴雯告诉她："我也感到累，好在我已累过来了。"

为什么会这么累？同事们都找不出答案，只认为自己的工作性质就是"累"。肖燕却不以为然，她从细节上琢磨，终于发现问题出在劳动工具上。原来，她们所用的扫帚是专用本地水竹定制的。水竹竹竿修长光滑好握，竹梢细、密度高，确实是上好的做扫帚的材料。但是，在清扫街道时，由于灰尘又细又厚，这种扫帚不容易一次扫干净，很多时候同一个地方需要来回扫，遇到厚一点的灰尘，还要反复多次打扫。这样一来，一个工区实际上要扫好几遍，能不累吗？

找到了问题的症结，肖燕又开始琢磨解决办法。终于，她从拖把上得到了启发。有一天，她在家里用拖把拖地，发现用扫帚扫不净的地方，只是拖把一到，一次就能拖得不留痕迹，这就是布条的特别作用。她灵机一动，为何不把布条用在扫帚上呢？于是，她把旧衣服撕成一条条布片，绑在扫帚顶端，再一试用，效果果然不错。

第一把"五彩扫帚"就这样诞生了！

肖燕兴奋地把这个做法告诉了刘师傅，告诉了姐妹们，大家纷纷仿效，"五彩扫帚"一时间成为沙洋街上一道亮丽的风景。有人评价说："劳动创造美，肖燕是劳动美的实践者。"

"五彩扫帚"降低了劳动强度，提高了工效，可是新的问题又出现了：布条不耐水，遇到阴雨天，沾上水，不仅笨重，地也扫不净。还有，布条耐磨性不强，用久了，街道上常常留下一些细碎的布条，反而影响了清扫质量。

肖燕便继续琢磨：用什么材料代替布条呢？一个偶然的机会，她发现用塑料制成的编织带很耐用，既耐水又耐磨，而且越磨越细，扫地也就越扫越干净。肖燕将编织带用在了“五彩扫帚”上，并在环卫所得到了推广，实现了清扫工具的第二次革新。

肖燕对工作的用心，得到了同事们和领导由衷的赞许。说来有趣，1999 年叔叔来到侄儿家，故意说要兑现自己许下的诺言，让肖燕换个岗位。哪知，肖燕连连摆手，叔叔满意地笑了，朝她竖起了大拇指。

肖燕（左）与工友一起在清扫马路。

从工人到劳模，荣辱得失任评说

劳模是什么？有人说，劳模是荣誉。也有人说，劳模就是一个光环。肖燕的回答则非常朴实：“劳模就是比别人做得多，比别人歇得少。”2000 年，肖燕被授予“荆门市劳动模范”称号，2002 年被评为湖北省劳动模范，2011 年荣获全国五一劳动奖章。诚然，这些都是崇高的荣誉，也是耀眼的光环，可是又有多少人知道这些荣誉和光环是肖燕用汗水和牺牲织就的呢?

肖燕的儿子曾经是“马路小天使”。

2009年前后的几年，在荷花大道，在开发区十字路口，人们常常看见一个小男孩跟在正在打扫马路的肖燕身边，这个小男孩就是肖燕正在读小学的儿子。

肖燕的家庭一直就是个忙碌的家庭。她自己忙，丈夫从事的也是一个起早摸黑的工作——在长林菜市场当收费员，每天起得比肖燕还早，回来得比肖燕还晚。接送儿子上学的事只好由肖燕承担。她早上起得早，就把儿子带在身边，让儿子跟着自己清扫一会街道，等到时间差不多了，她才匆匆忙忙把儿子送到学校。下午，儿子放学了，她不放心孩子一个人回家，加上还有家庭作业需要辅导。于是，她就让儿子放学后跟着自己，利用街道旁边的花坛做家庭作业，不懂的地方就地让妈妈辅导。春秋两季还好，到了冬天问题就出现了，儿子的一双小手经常冻得通红，连作业本都拿不起来。有一次，肖燕扫地已走得很远了，儿子不知道，仍在那里提问，发现妈妈不在跟前，气得将作业本摔在地上，委屈得号啕大哭：“什么妈妈啊!”肖燕连忙返回来，把儿子的小手捂在怀里，陪着儿子掉眼泪。粮食局的门卫大爷看到这个情景后，主动把肖燕的儿子接到门房，才解决了肖燕的后顾之忧。

由于学习环境差，肖燕的儿子最终只考了专科，学习护理专业，毕业后在沙洋人民医院就业，只上了一个月的班就吵着不想去了，理由是上夜班太累。肖燕语重心长地说：“世上做哪个工作不累呀？想想你当‘马路小天使’的日子，那么苦，我们不也过来了吗?”经她这么一提，儿子顿时想起了这么多年妈妈的点点滴滴，比起妈妈这些年来吃的苦，自己上个夜班算得了什么呢？从此，他以妈妈为榜样，兢兢业业地投入护理工作，把病人当亲人，受到病友们的好评，年年被评为先进工作者。

从职工到干部，初心不变仍从容

一个先进人物的产生不是偶然的，肖燕所做的点点滴滴都有人记得。

2000年腊月，正是置办年货的高峰期。有一天，肖燕正在清扫街道，突然，一个很不起眼的旧手帕出现在她眼前，她捡起来打开一看，里边包着50多块钱。她认定，这是农村老人丢的。她自己也出身农村，知道一个农村老人攒几十块钱是多么不容易。她一边继续清扫路面，一边观察行人。不一会儿，一个60多岁的老汉低着头朝这边走来，他一边走，一边盯着地面四处寻找。肖燕主动上前问他是不是丢了什么东西，老汉说的与她拾到的完全吻合，肖燕把手帕拿出来还给了老汉。老汉感激不已，非要请她过早，肖燕婉拒了这番好意。

肖燕当上省劳模的那年年终总结会上，领导请她发个言，她半晌说不出一句话，脸都憋红了，说："领导，同志们，我的话都……都……都在路上。"肖燕这句结结巴巴的话引来了暴雨般的掌声，也成了一个金句。

是啊，肖燕的话在路上。2008年春节期间，我国南方普降大雪，给千千万万回家与家人团聚的人带来了极大的不便。肖燕和同事们接到通知，要求加班加点，及时铲除积雪，确保车辆和行人正常通行。由于降雪量大，降雪时间长，加之气温低，铲好的路面、撒下的盐管不到两个小时就被大雪覆盖了，大家只得轮班铲雪。肖燕连轴转，一干就是40个小时。等到雪下小了，老公来接她回家过年。但是，她知道同事周虹在深圳打工的儿子带着女朋友回来过年了，为了让周虹接待好未过门的儿媳妇，肖燕主动替换周虹，让她回家过年。

由于肖燕工作突出，她先后被组织上提拔为协管员、清扫副经理、经理，她的交通工具也由自行车换成了电动车。按说，肖燕已经是管理干部了，不再承担具体的清扫工作，但她的车头永远都挂着一个塑料袋，车尾永远都绑着一把扫帚，看到哪里有没扫干净的垃圾，她都要下车打扫干净后再走。

把路装进心里，把心放在路上，肖燕以马路为纸，用“五彩扫帚”描绘着美丽的长卷，不断地诠释着一个环卫工人敬业爱岗的高尚情怀。

“希望我一直活着，为了女儿，为了那些和女儿一样的‘来自星星的孩子’。”

——卞雪松

卞雪松：心系“来自星星的孩子”

毛祖华

卞雪松家里挂着许多照片，最珍贵的一张是与习近平总书记的合影。

2016 年 12 月 12 日上午，北京京西宾馆会议楼前厅，卞雪松与获得首届“全国文明家庭”光荣称号的 600 多名代表整齐地站立着，热切等待一个重要时刻的来临。9 点 30 分，习近平总书记出现在大家面前，他与站在第一排的代表一一握手。卞雪松站在第二排，看到总书记亲切的笑容，他情不自禁地把手伸了出去，总书记满面笑容地握住了他的手。

这些年，卞雪松先后荣获“全国五好文明家庭标兵户”“湖北省五好文明家庭”“荆门市道德模范”“全国文明家庭”“荆楚楷模”等光荣称号。

女儿诞生，他成了一个特别的爸爸

站在镜子前，卞雪松觉得自己有些老了。

他 59 岁，白头发越来越多，牙齿已不再坚固，糖尿病已持续了 18 年，必须按时用针管输入药物。他开始越来越在意自己的身体，吃东西也越来越清淡，每年计算着时间按时体检。因为，他是一个特别的爸爸。

他的女儿卞禧幸患有自闭症，属重度残疾二级，虽然已是 35 岁的大人，但智力却停滞在幼儿水平。这属于神经性系统发育障碍，一种至今没有找到病因更没有找到治愈方法的疾病。

2022 年，卞雪松一家在杭州小女儿家欢度春节。

1989 年，25 岁的卞雪松喜得女儿，生活终于弥补了他的缺憾，让他第一次拥有了完整的家庭结构：父亲、母亲、妻子、孩子。小时候，父母离婚，他跟随母亲，由祖父祖母养大。他一直记得他的年少时光，虽然与同伴们一起掏鸟蛋、打弹弓、到江里游泳，是无忧岁月的日常，但家庭缺失感始终如影随形。

令卞雪松没有料到的是，这一次，这种完整竟是另一种缺憾的开始。

7 岁时，卞禧幸被确诊为自闭症。

其实在此之前，问题已经出现了。卞禧幸不肯说话，有攻击倾向，与人交流时不敢直视对方，在哪个幼儿园都待不长久，老师们都反映这个孩子的行为奇怪。夫妻俩以为孩子只是发育迟缓，去医院，医生的说法也模棱两可。毕竟，20 世纪 90 年代，自闭症是一种罕见的并没有进入公众视野的疾病。

确诊为自闭症后，夫妻俩陷入绝望的境地。一般来说，6 岁前是自闭症的最佳干预期，3 岁前是自闭症儿童语言学习的黄金期。这意味着，卞禧幸已经错过最重要的治疗时段。不仅如此，自闭症患者需要终身干预，且收效难料。

卞雪松不允许自己过分沮丧，他带女儿去了本地的特殊学校。7 岁至 20 岁，卞禧幸断断续续在荆门特殊学校就读。不肯上学或放假时，她就跟着卞雪松。爸爸上街，她就上街；爸爸在办公室，她就在办公室；爸爸出门见客户，她也出门见客户。很多时候，邻居们都看见卞雪松攥着女儿的手，一边保持警戒，一边笑眯眯地跟人打招呼。

荆门特殊学校门口有一家琴房，卞禧幸喜欢在那里看人弹琴，琴房的老师和学生因此对这对父女格外熟悉："爸爸特别好脾气，有时孩子提一些无理要求，爸爸也总是不厌其烦。"

令卞雪松感到一丝欣慰的是，现在的卞禧幸能与人简单地交流，能自己去附近的超市买东西，还能独自去往几百米之外的姨妈家。

但卞禧幸不能自己洗澡，细密的水柱喷洒而出时，她会惊恐；也不能独自乘坐公共交通，有一次妈妈将她送上公交车，嘱托另一个人在站点接她，卞禧幸却提前下车了，夫妻俩花了整整 6 个小时才找到她。

所有问题中，有一件事特别艰难：如何让她安静下来。卞禧幸没有社交能力，几乎无法接受任何突如其来的变化，哪怕家人在家里咳嗽两声，都可能引发她情绪激动，不停地乱扔东西、撞墙、大喊大叫。

问题无穷无尽，但最棘手的是，谁也无法阻止卞禧幸成为生理成熟的女性。她会偷看长得帅的男生，声音变得柔和。接下来，她还会进入不可预知的中年和老年，这让卞雪松有一种无力感。

卞雪松是一名创业者，先后拥有四家工厂和企业，是湖北宝贝生物科技有限公司董事长，事业上很成功。妻子在女儿确诊为自闭症之后成为一名家庭主妇。表面上，他们一家衣食无忧，1996 年他又添了一个女儿，小女儿聪明活泼，这让他感到安慰，四口之家的状况看上去很稳定。但每次一家人出去旅行，越是看到美丽的景色，卞雪松的内心就越不安，他知道，这种努力维持起来的情形，只会越来越脆弱。“如果我走了，妻子走了，卞禧幸该怎么办?”

抱团取暖，成立自闭症互助协会

患有自闭症的孩子被称为“来自星星的孩子”。卞雪松接触过许多自闭症家庭，家长之间常有交流。他们都提到了同一个问题：当这个“来自星星的孩子”出现之后，他们的朋友、亲戚、熟人越来越少。

其实，大多时候，不是对方排斥他们，而是他们不知道该怎么去面对一个正常的家庭。每次聚会，别人都在讨论孩子该上哪所学校，成绩有没有进班级前十，会不会早恋，是不是又和同学打架了，而他们只能在一旁听着，一句话也插不上。普通家庭的普遍烦恼，他们已经没有办法拥有。渐渐地，聚会不去了，朋友疏远了，这些家庭变成一个又一个的孤岛，他们的社交圈里只剩下了同病相怜的自闭症家庭。

父母们面对的痛苦，也各不相同。每个自闭症孩子的症状都不太一样，病程发展的动向更是令人捉摸不定。同时，自闭症孩子需要陪伴，这意味着必须有人牺牲自己的工作，对于经济困难的家庭来说，这无异于雪上加霜。

在这些痛苦中，有一个词出现的频率最高，那就是“丢人”。

一个 8 岁自闭症女孩的父亲告诉卞雪松，直到现在他都没有勇气单独带女儿出门。他爱她，可却无法面对她的残缺。当孩子在街上不受控制地乱叫，做出出格行为时，他不知道该怎么面对。他没有把孩子有自闭症的事告诉过任何一个亲戚朋友。一次女儿在街上打了别的小朋友，他和对方家长吵了起来，到最后也没把孩子自闭症的事情说出口。讲述过程中，这位父亲反复使用了“丢人”这个词。

听到他的倾诉，卞雪松的内心涌出复杂的情绪。他想起卞禧幸被确诊为自闭症的那一天，他反复地问医生，这个病有没有治愈的可能。只要能治，砸锅卖铁都可以。但医生的回答是否定的。卞雪松步履沉重地走出专家门诊。他向来天不怕地不怕，从来不觉得有所谓“最难的事”，只知道有了困难就要解决，但站在医院大门前，他突然失去了方向和动力。卞禧幸不耐烦地推搡着他，紧接着又大力推搡从身旁经过的一个孩子，那孩子一个踉跄，几乎扑倒在地。尖叫声、哭泣声，家长的愤怒同时向他袭来，卞雪松赶紧道歉，却引来更严厉的斥责。他想解释，但最终他只是像惯常那样点头哈腰，赔尽不是。

“那时候我就觉得，不只是孩子病了，其实家长也病了。”

卞雪松产生了一个想法：成立一个公益组织，为卞禧幸和其他自闭症患者建立一个服务平台。妻子有些顾虑，毕竟一旦成为一个组织的负责人，丈夫要面对的不仅是自己的孩子，还有无数个自闭症家庭。但卞雪松已拿定主意：“一个人的声音是有限的，我就是要把大家组织起来，集体发声，广泛宣传，让社会理解和支持我们。这也是一种自救。”

他花了大量的时间外出考察，试图借鉴某些经验，但现实是，国内类似的机构寥寥可数。

2011 年 3 月，卞雪松联合 7 个家庭发起并成立了湖北省首家自闭症互助协会——荆门市自闭症互助协会，卞雪松被推选为会长。协会的宗旨是帮助自闭症人士持续提升生活、学习和就业技能，缓解自闭症人士家长的心理压力和经济压力。卞雪松更大的期待是，让那些孩子有机会融入社区，甚至得到一些工作机会，有尊严地活着。

2011 年 4 月，在卞雪松等人的努力下，湖北首届自闭症儿童潜能运动会在荆门举行。来自武汉、潜江、荆州和荆门的 50 多名自闭症儿童，参加了仰卧起坐、拍球、推小车等运动。

卞禧幸也参加了其中的两个项目：拍球和推小车。她的好心情是显而易见的，一张脸红扑扑的，走起路来轻盈而跳跃，看到卞雪松走过来时，她主动扑过去，紧紧地拉住父亲的手，大声地跟他说话。卞雪松一瞬间有些恍惚，仿佛女儿从来没有生病，此刻的她才是真实的自己。

一位陌生女士告诉卞雪松，她的孩子 12 岁了，从来没有像今天这样高兴，这次运动会是一家人度过的最有意义和最快乐的一天。

媒体大篇幅地报道了这次特别的盛会，许多人因此第一次知道了自闭症这种疾病。随后，共有 87 个自闭症患者家庭加入了互助协会，全国各地的自闭症组织纷纷前来观摩取经。

殚精竭虑，为“来自星星的孩子”打开天空

见到老人和杨杨时，卞雪松的心不由得沉了沉。

老人佝偻着背，颤颤巍巍。他 70 岁了，儿子媳妇早就离婚，他独自带着自闭症孙子杨杨过活。“不晓得我死了之后有谁来管他。”老人无助

地说。

杨杨垂着头，只偶尔抬起眼皮。他 14 岁，单薄的身体不停扭动，像一棵缺少水分的小树，随时有可能枯萎。

自闭症互助协会做过统计，荆门共有 1300 多名自闭症患者，最大的 26 岁，最小的 2 岁多，其中，与祖父祖母生活的患者占三分之一。这些孩子的父母通常离异，有的长期在外打工，因对孩子的病情绝望而放弃照料孩子。

协会成立后做了大量的宣传工作，通过传单、网络传播等方式，详细介绍自闭症的症状及现实困境，受到社会的关注和支持。市残联拨出补贴资金，一些企业纷纷解囊相助，华中师范大学制订了“星光行动计划”，针对自闭症孩子进行专业性干预和指导。

卞雪松还通过残联、民政局与荆门第二医院商定，经精神科主治医生诊断鉴定的自闭症患者，将获取重度二级残疾证，每月享受政府 100 元补贴；到 18 岁分户时，还能申请每月 700 元低保。这在一定程度上缓解了自闭症家庭的经济困难。

除此之外，协会还举办烘焙培训、家庭培训、针对 0—6 岁儿童的感统训练，带领自闭症患儿走进新农村，锻炼患者手工技能的同时，家长也全面接受心理辅导。

但所有这些，并不能从根本上解决一直困扰着卞雪松的一个大问题：“如果家人去世了，那些孩子该怎么办?”

卞雪松有过许多设想，比如建立一个称为“造血工程”的生产基地，比如开一个自闭症患者自养中心，让孩子们能在这里接受康复训练，直至从事力所能及的劳动，养活自己。但把这些想法变成现实，需要时间。

老人和杨杨的出现，让这些想法摆上卞雪松的工作日程。

2015 年，经过实地考察后，卞雪松与协会成员商定，在东宝区子陵镇石莲村租赁150亩山场，以种植核桃树为基本项目，建一个集“托管+自助生产”的农庄，实现家长陪护生活，新家长接替老家长的助管助养模式。为此，卞雪松个人投入100多万元，其余家庭按经济情况投入5000至1万元不等。他的目标是：“农庄将建成适合100人居住、生活的自养中心，让自闭症患者自食自理。即使家长去世，农庄照常运营，也能维持患者的基本生活保障。”

但三年之后，这个计划流产了。

事到如今，卞雪松回忆起此事的全部过程仍然充满惆怅与悔意。他总结失败的原因，“还是太着急了，没有全方位考察，没有考虑到核桃树的生存环境，其实那片山地的方位和风向，都不利于核桃树的生长”。他卸任互助协会会长一职，也不愿过多地提及这个话题。但他承诺，所有家庭的资金投入，他将以个人的名义全部兜底。

2023年的一个黄昏，在巷口的转角，卞雪松再次见到老人和杨杨。老人更苍老了，皱纹像沟壑一样布满面颊，手里提着一个装满物品的塑料袋。杨杨长高了些，还是瘦，身体摇摇晃晃。两人的状态都让人担心。

老人告诉他：“我们要回十里铺老家了。”

“怎么要回去呢？”他问。

老人回答：“老家物价便宜一些，自己也可以种些菜。”

他又问：“您身体还好吗？”

老人摇头：“不好，可也不敢死，死了谁照料孙子呢？”

卞雪松无言以对。他请他们吃饭，老人拒绝了。他跑到附近的超市买了一堆孩子吃的零食，但老人只拿了两包。

卞雪松默默地站在那里，看着老人带着孙子慢慢离去。

那天晚上，卞雪松久久不能入睡。他起身来到卞禧幸的房间，女儿早已睡熟，一张脸消除了白天的烦躁，好似无忧无虑的婴儿。这些年，从呱呱坠地到诊出自闭症，所有的大风大浪他都替她挡着。但他还能挡多久呢？70岁？80岁？然后呢？杨杨和老人的脸再次涌到眼前。这些人，这些家庭，曾对他无比信任，最后他却辜负了他们的期望。想到这些，他不安地低下了头……

他仍在努力，为了“卞禧幸们”的将来

关于卞禧幸的将来，卞雪松考虑得很多，随着时间一年年流逝，他的想法在不断地修正。比如，两个女儿之间是否存在某种新的关系的可能。曾经，他想过，如果有一天自己和妻子去世，小女儿是否可以作为卞禧幸的监护人，后来，他坚决地否定了这一想法。“我们生小女儿不是为了大女儿，她有自己的生活，我们不能把这种负担强加到小女儿身上。”

由卞禧幸个人他想到了卞禧幸群体。他心里清楚，从互助协会成立的那天起，每一个人都相信他，依靠着他，他必须替他们遮风挡雨。

石莲村计划失败后，他一直在筹谋怎样做才更可靠，怎样做才能让自己将来安心离世。

“以前心特别大，想成为中国的‘自闭症之父’，现在才懂得，什么事都要量力而行。”他笑。

这符合他的性格。2001年，他和妻子在沙洋粮油加工厂下岗，以1.9万元买断工龄，开始创业，成立了一家豆油工厂，后来受转基因大豆的影响，工厂倒闭。但他并不气馁，先后有四家工厂和企业在他手中诞生，他赚过钱，也亏过本。“我的爱好就是看书，看怎么赚钱的书。”

卞雪松是沙洋镇人，环眼淡眉，壮实魁梧，不笑时气质端正，一笑露出沙洋人特有的精明豪爽。

他仍然想建一个托养中心。近来，卞雪松在全国各地考察项目，他将仔细筛选，最后选定一个项目。“有了合适的项目，自闭症孩子的托养问

题才可能得到解决。”关于托养中心的地点，他早已想好，就设在荆农文化（荆门）公司产品研发基地，这是他个人的企业，有稳固的发展基础，有驾轻就熟的专业支撑。他心存一个隐秘的想法：小型的托养中心运营成功后，或许能发展壮大，容纳更多的自闭症家庭。

2022 年，卞雪松带女儿卞禧幸在杭州金沙湖景区游玩。

虽然饱经沧桑，但卞雪松始终处于一种平稳的状态，显得风轻云淡，那些崩溃的瞬间，那些秘而不宣的心情，他没有对任何人讲过。2018 年，沙洋中学校友拍摄了一部关于自闭症患者的电影《来自星星的少年》，在沙洋中学隆重播映。观影结束后，卞雪松上台讲话，他说：“有一个自闭症的孩子，不是什么丑事。”他还说：“希望我一直活着，为了女儿，为了那些和女儿一样的‘来自星星的孩子’。”

“我从一个小山坡登上了一座高山，艺术视野豁然开朗。”

——陈人钰

陈人钰：钰声铿锵为艺振

杨继宁

人生之路充满坎坷和不确定性。陈人钰选择了艺术作为终生奋斗目标，走上这条路虽辛苦，但他心甘情愿。

艺术之路上繁衍着许多大树，伸出无数枝条。油画、国画、雕塑、壁画及环境艺术等多种形式，陈人钰都有造诣，他不是玩票式的跨界，而是潜心钻研结出硕果累累。陈人钰的世界里，美术就是他孜孜追寻的珠穆朗玛峰。

归来一甲子，他把封箱之作留在了母校

2018 年 10 月 3 日，沙洋中学两栋教学楼之间的操场上，几百名学生肃立在一座新落成的雕塑前。雕塑上覆盖的一块红布被轻轻揭开，一位志愿军女战士的全身像出现在大家面前，全场师生整装静默。

参加雕塑落成典礼的队伍中有一位老者，他就是这件作品的创作者——湖北省美术院一级美术师陈人钰。在致辞中，他深情地告诉师生们：“感谢母校给我机会，让我能够以这种方式致敬英烈，并回馈母校教育之恩。”

那天，年近八旬的陈人钰显得格外激动，既因为他完成了一件新作品，也因为他在离开母校整整 60 年后，以这样一种绝无仅有的方式回报

母校。

就在3个月前，沙洋中学领导找到陈人钰，请他在校园内为沙洋中学校友、抗美援朝女英雄烈士李淑才创作一尊雕塑，陈人钰毫不犹豫地接受了这一邀约。他明白，这是母校在传承伟大的爱国主义和英雄主义精神。

校方给出的创作时间只有3个月，陈人钰立刻投入创作之中。

因年代久远，岁月的尘埃屏蔽了一切信息，李淑才留存的信息只有两段文字。沙洋县民政局烈士簿记载："李淑才，女，荆门县沙洋镇人，1934年生。1950年在沙洋中学报名参加中国人民志愿军。1951年随军入朝作战，1952年8月牺牲于朝鲜战场。"《沙洋中学校史（1980年版）》第71页记载："1950年11月，全国掀起了轰轰烈烈的'抗美援朝、保家卫国'运动，学校根据上级指示……动员学生志愿报名参军参干，曾先后去了两批人员。第一批在1951年度，有高一学生王学诚、陈上炎、李淑才（女）等十余人……其中第一批去的李淑才同志于1952年8月在志愿军后方医院，因遭敌机轰炸，光荣牺牲，年仅十八岁。"

这让陈人钰犯了难：至少得有一张李淑才的照片啊！

校方动用了各种力量，终于，李淑才的表妹千里迢迢从福建送来一张李淑才入朝参战时的照片。

李淑才的照片摆放在案头，陈人钰仔细端详照片，又打开电脑，没日没夜地观看《上甘岭》《英雄儿女》《三八线》等反映抗美援朝的影视剧和纪录片。渐渐地，李淑才的人物形象在他脑海里变得清晰起来。

20天后，陈人钰带着雕塑小样来到沙洋中学，他在评审会上陈述："雕塑的主题确定为'跨越'。"他进一步解释道："英雄李淑才跨出的是雄赳赳、气昂昂的一大步，是从书声琅琅的校园走向炮火连天的战场，不畏生死的一大步，也是将个人命运与国家命运结合在一起的一大步。"

陈人钰的创作理念得到评审会的一致认同。

为了赶创作进度，陈人钰来到位于广东佛山的“艺术梦工厂”，把自己关在一个铁皮屋改成的工作室，一待就是一个多月。翻模、放大、翻制、注塑，甚至到作品装车、运输，每一道工序他都盯得紧紧的。这种创作热情令“艺术梦工厂”的负责人敬佩不已：“一个快 80 岁的老人，比年轻人还狂热，工作起来比初恋还投入。”

图为陈人钰创作烈士李淑才塑像时的情景。

对陈人钰来说，李淑才烈士雕塑这件作品还有两层特别的意义：一是这暗喻着他从老年走回了少年，从外地走回了家乡。因为，60 年前，他就是从沙洋中学走出去的。整整一个甲子之后，他从总角少年变成了古稀老人，却怎么都不会想到，自己会在这个年纪，带着作品回到母校。二是雕塑创作既是艺术活，也是体力活，陈人钰当时已年近八十，他清楚地知道，这件雕塑作品也许就是他的封箱之作，能把带有艺术生涯重要印记的作品留在起步之地，是一种幸运，一种幸福。

漫步于黄家山，陈人钰不禁热泪盈眶……

从小爱涂鸦，母亲为他插上艺术的翅膀

陈人钰出生于荆门烟墩。他的外公是却集乡杨家湾唯一的私塾先生。这让陈人钰的母亲杨廷珍有机会走进巴东女子高中就读，后在掇刀小学教语文、算术和美术。陈人钰打小对识字画画表现出浓厚兴趣。有一次，杨廷珍抱着才一岁多的陈人钰参加祠堂聚会，没想到陈人钰指着祠堂的牌匾念出“增辉立阁”四个字。这一下把杨廷珍给乐坏了：“这小家伙在哪学的？真是太奇妙了！”后来，这个趣事杨廷珍逢人便讲，几乎讲了一辈子。

陈人钰似乎生来喜欢画画，这种天性得到了母亲的鼓励。晚上杨廷珍批改学生作业，陈人钰就坐在旁边要么胡乱涂鸦，要么拿泥巴捏各种小动物，或者用麦秆、蒲草编小猫小狗，然后用小手高高地举起作品拿到母亲面前。母亲对他的“杰作”总是给予极大的肯定，这大大激励了陈人钰，令他乐此不疲。陈人钰长大成人后回忆这一段，常常感念母亲有一个很好的教育方法。

20 世纪 50 年代初，陈人钰跟随父母到沙洋农场落户，成为湖北省沙洋农场第一代农场干部子弟。从此，陈人钰驶上了求学快车道，一路畅通无阻。

1958 年他从沙洋中学初中毕业，考入湖北省艺术学院附中；1961 年他以优异成绩进入湖北艺术学院大学本科油画专业；1965 年大学毕业，

分配到湖北省美术院工作。

这期间，有一件事令他记忆深刻。1961 年寒假，陈人钰到北京看望伯父、开国上将陈士榘。有一天，伯父带着他走进中南海怀仁堂观看京剧表演艺术家杜近芳的演出。伯父牵着他的手，逢人便说："这是我的侄子陈人钰，考上大学了……"自豪之情溢于言表。很多将帅主动与陈人钰握手。那一刻，陈人钰深深感受到了文化的重要性，感受到了前辈们对后辈的殷切希望。

若干年后，陈士榘去世。荆门市委、市政府决定为陈将军塑造一尊铜像，以表达对这位荆门籍开国上将的敬意。这一任务自然而然地落在了陈人钰身上。

这次创作，陈人钰仿佛与伯父进行了一场跨越时空的对话，他查阅资料、走访亲友和伯父的战友，追忆伯父的音容笑貌，先后设计了五种初稿，最终他选定了将军在解放战争中的一段高光时刻作为背景，塑造了一位栩栩如生的开国上将形象。如今，陈士榘将军的半身铜像陈列在荆门烈士陵园。

一直向前走，艺术之花为他竞相开放

在深邃的艺术隧道里，陈人钰是一个坚定的掘进者。

1979 年，湖北省委主要领导决定对用于接待国家领导人的东湖客舍进行改造，以楚文化为基调打造宾馆文化氛围。

为完成这一任务，湖北省美术院组成了包括陈人钰在内的七人工作小组。工作小组先后考察北京机场壁画和敦煌壁画。北京机场壁画是中央美院张仃、李化吉、周令钊等艺术家的作品，陈人钰认真研习，也因此认识了这些大家。

在甘肃考察敦煌壁画的半个月里，陈人钰进入了物我两忘的艺术境界。他每天天一亮就进入石窟选取经典作品学习临摹，直到天黑才离开。这期间，他成功临摹了敦煌莫高窟第254窟的壁画《萨埵太子饲虎图》、第285窟的《五百强盗成佛图》以及《千手观音图》等。这让他深刻领会了壁画的技法、规律，也看到了自身的不足，促使他做出了一个重大抉择：年近四十的他决定报考中央美院壁画首届高研班。

1982年，陈人钰如愿以偿地进入中央美院壁画高研班学习。师从侯一民、李化吉、周令钊、邓澍、王文彬、张世彦、戴士和、孙景波、曹力、梁运清等最优秀的艺术家。在写给家人的信中，陈人钰激动地写道："我从一个小山坡登上了一座高山，艺术视野豁然开朗。"

为做好毕业论文，1983年下半年，陈人钰用半年时间，沿着北京—山西—陕西—河南实地走访、考察黄河文化。

2003年秋，陈人钰赴山西、陕西、河南采风时，在陕西章怀太子墓观赏壁画。

建于1247年的山西运城永乐宫是全真道教三大祖庭之一，也是中国古代壁画艺术的宝库，其中三清殿《朝元图》画有 290 多位人物，每幅画 2 米多高。走进永乐宫，首先折服陈人钰的是万国衣冠拜冕旒的盛唐气象。千年过去，雍容华贵还在，以胖为美的审美观还在，长袍宽袖的服饰还在，东方美女的含蓄优雅还在。他感慨，一个时代创造的贵族精神深刻地影响了后世千年，这就是文化的力量。

为临摹好《玉女图》的一根线条，陈人钰默默面壁，凝神静气，挥动手里的画笔，一气呵成，绝不断气！陈人钰的理解是：断气或者换气就会造成画面气韵阻滞，流动不畅，在作品上就会留下断笔，留下遗憾。有一天晚上 7 点钟，工作人员下班，陈人钰进入永乐宫临摹。第二天早上 7 点钟工作人员上班时，惊奇地发现，这个一头长发、长相帅气的画家仍在画，竟整整干了一个通宵。可见，陈人钰对工作的专注，对千年壁画的毕恭毕敬到了无以复加的地步。

尊重源于喜爱，喜爱是更大的尊重。

2001 年 10 月，文化部委派陈人钰和韩金宝赴法国巴黎参加国际艺术考察交流活动，陈人钰带去了这些临摹作品，并在巴黎国际艺术城举办“‘壁画——来自中国’陈人钰个人艺术展”。法国高级工艺美术学院院长芮芮和国际艺术城主席布鲁诺出席开幕式并高度评价：“非常现代，非常中国，非常喜欢!”法国国际广播电台、国家电视台等众多媒体作了全方位报道，给予了高度评价。法国一位资深艺术评论家在比较达·芬奇的《蒙娜丽莎》和陈人钰临摹的《玉女图》时说：蒙娜丽莎的笑神秘妩媚，让人联想丰富，而玉女的笑含蓄优雅，让人感受到东方女性的温柔和纯洁。这位评论家将陈人钰引为知己，并以重金收藏了《玉女图》，他将这幅画挂在了自己客厅最醒目的地方，并对陈人钰允诺：自己离世后将把这幅作品捐赠给巴黎现代艺术博物馆。

在陈人钰创作的众多作品中，《屈子辞赋图》是陈人钰从油画跨入壁画的标志性作品。1988 年，秭归屈原纪念馆新馆落成，需要做一个新的陈列设计。时任湖北省文联主席周韶华、湖北省博物馆李文和陈人钰接受了新馆设计任务。陈人钰提出在陈列馆内增设一个照壁，照壁上创作一幅反映屈原的壁画。他的建议被采纳。陈人钰先后去了国家图书馆、国家博物馆收集屈原的资料，反复研读《楚辞》《天问》《九歌》等作品和评论，然后创作了《屈子辞赋图》。

《屈子辞赋图》的主体是屈原。在陈人钰眼里，屈原既是历史的屈原，也是大众的屈原，还是作为创作者自己的屈原。这件作品分为左、中、右三大部分。壁画左侧浓缩了屈原《天问》中的故事与主要人物，盘古开天地、大禹治水，开启文明先河；右侧则以《九歌》《九章》为依据，突出了“国殇”“山鬼”“湘君”“湘夫人”；中间则突出《离骚》中的“路漫漫其修远兮，吾将上下而求索”之意境，统揽作品主题。整个作品大气磅礴，浑然一体。这件作品也成为陈人钰中央美院壁画高研班的毕业展作品，受到老师们的充分肯定。

优秀的艺术作品或出于苦难或出于愤怒，前者是悲悯情怀的表达，后者是极致情绪的宣泄。

1999 年 5 月 8 日，中国驻南联盟大使馆被炸。国人群情激愤，全国多地爆发反美示威活动，中国政府强烈谴责抗议以美国为首的北约的粗暴行径。消息传来，具有浓厚家国情怀的陈人钰夜不能寐，食不甘味。激愤之中，他将自己关进画室，用整整半年时间创作完成了油画《新世纪的曙光》。

2000 年 7 月 26 日，由文化部、中国文联共同主办的“首届华人艺术展”在中国美术馆举行。《新世纪的曙光》从一万多件美术作品中脱颖而出，获得了油画作品最高奖，颁奖典礼在北京人民大会堂举行。作为中国美术家协会会员、湖北省美术院环境艺术创作研究室主任、一级美术师，陈人钰获得过多次荣誉，但这次他格外激动，无比骄傲。

退休后的陈人钰旅居新西兰女儿家里。

2021 年，时逢新西兰基督城地震十周年，在那场地震中，100 多人失去生命，当地政府计划将废墟建成世界最大的城市公园，将原先的女子高中建成壁画园。陈人钰闻讯后，即兴创作了一幅油画《基督城地震十年祭》，表达了人类共通的悲悯情怀。这幅作品得到了新西兰当地政府和民众的喜欢，于是，当地政府专门将壁画园正对大门的位置留出了一面墙壁，请陈人钰作画。陈人钰不负众望，创作了一幅壁画《满园芬芳》。后来，当地居民对园区内的艺术作品自发投票，陈人钰的这幅作品获得了第一名。

2021 年 3 月，陈人钰为新西兰基督城新建的壁画园区创作壁画《满园芬芳》。

在陈人钰看来，自然灾害不可避免，但保持对生活的热情和信心就能够在废墟上重新站立起来。西方如此，东方也如此。艺术是打通各种异质文明的钥匙。

如今，年过八旬的陈人钰依然在艺术之路上前行，根本停不下来。因为，他奉著名诗人泰戈尔的诗句为座右铭："你只管向前走去，不要把路旁的鲜花采来保存。因为，一路上鲜花将为你开放。"

“体育不只是简单的运动，它铸造了勇敢顽强的性格、超越自我的品质、迎接挑战的意志，培养了我们的竞争意识、协作精神和公平观念。”

——董红娇

董红娇：竞技体育不只有金牌

王雄

在 2005 年巴西举行的首届世界轮椅和截肢者运动会上，沙洋女孩董红娇斩获轮椅竞速 T54 级女子 800 米金牌。对董红娇来说，这是她运动生涯中的第一块金牌；对中国来说，这是一次重大突破。之前，中国轮椅竞速项目在国际赛场上从未拿到奖牌，而此时的董红娇接触轮椅竞速运动项目还不足两年。她创造了一个奇迹。

2008 年 9 月 12 日，北京残奥会田径项目的决赛在鸟巢进行，在 T54 级女子 400 米决赛中，董红娇作为唯一杀入决赛的中国选手以 55 秒 83 的成绩位列第五，并在 T54 级女子 100 米项目中获得铜牌。9 月 16 日，在 T53—54 级女子 4×100 米接力比赛中，董红娇与队友合作，以 57 秒 61 的成绩打破世界纪录，一举拿下这枚梦寐以求的金牌。她再次创造了一个奇迹。

奇迹与金牌的背后是超乎常人的努力和付出，更何况董红娇是一位从小就失去了右腿的残疾人。

“老天关上一扇门，一定会为你打开一扇窗”

董红娇是家里的幺妹，她有三个哥哥，但不幸的是，她一岁零六个月时，被一辆大货车压碎了右腿膝盖骨，不得不做了截肢手术。

2008 年 9 月，在北京残奥会上，董红娇获得 T53—54 级女子 4×100 米接力金牌、T 54 级女子 100 米铜牌。

虽然行动不便，但有父母、哥哥们的呵护，她感受到的都是甜蜜和温暖。最难得的是，生活的不幸造就了她的坚强。她从小要强，上小学的时候，最开始是扶着哥哥的肩膀一蹦一跳地从家里走到学校，渐渐地，她就能独自蹦跳着去上学，路上遇上可以借力的物体，她就用手搭上一把，蹦跳得更快，一点不比四肢健全的同学慢多少。

一路被爱，她的心智也成熟得较早。上小学时她因为同学、路人议论她身体缺陷偶尔会不高兴，但上初中后，她已经完全不在意别人看她的目光。她常跟哥哥们说的一句话就是："我早已经习惯了别人的议论，这有什么关系？就像一个人脸上有雀斑会被人指指点点一样。"初中毕业，父亲给她找了一所学计算机的技校，健全人是包分配的，可到了她这里却分配不了，虽然家里靠在荆门向东桥摆夜宵摊养活一大家子人，日子过得并不轻松，但父亲却毫不犹豫地把她送到了这所技校。用父亲的话就是："能让她多上两年学就多上两年，玩也玩两年。"技校毕业后，她跟父亲说要找份工作自己养活自己，父亲找到一位在武汉的朋友，请他带女儿学裁缝。看着董红娇一蹦一跳地上了去武汉的客车，父亲有辛酸、有不舍，但更多的是感觉女儿长大了。

然而，董红娇的命运却突然发生了转折。

2003 年的一天，董红娇家住拾回桥镇伍何村二组的三叔突然找到董红娇母亲，带来一个消息：沙洋县残联要推荐董红娇到省里做运动员。原来，省残疾人运动队正四处物色有潜力的运动员苗子，沙洋县残联从残疾人名单上发现董红娇符合条件，几经周折在董红娇老家找到了她的三叔。

母亲一通电话召回了在武汉学缝纫的董红娇，全家人连夜商量她去还是不去。商量来商量去，大哥最后说："老天为你关上一扇门，一定会为你打开一扇窗。妹妹这次去省队做运动员，就是老天为她打开了一扇窗……"这一席话，为董红娇的人生之路定下了方向。

其实，董红娇早就打听到省队做运动员食宿都是免费的，比学缝纫要强得多。她心里清楚，这么多年来，自己时时刻刻都需要被照顾、被呵护，给家里带来的困扰还是蛮大的，她也想借助省运动队这个平台，通过自己的努力去改变生活，改变命运。

几天后，董红娇因为臂长优势被在荆门挑选运动员苗子的省队教练田海江一眼相中。除了董红娇，田教练还选中了来自东宝区的张婷，后来两人成了搭档。

2004 年 10 月 14 日，董红娇、张婷在田海江的带领下，来到了位于黄石的湖北轮椅竞速队。

从此，董红娇开启了近 10 年的运动生涯。

“我一定要进国家队，做破局之人”

在轮椅竞速项目中，臂长只是占有体位上的优势，基本功训练必不可少。轮椅竞速主要依靠手臂驱动轮椅，因此上肢力量的训练至关重要，同时轮椅竞速运动员还需要具备高度的身体协调性、强大的心肺功能和肌肉耐受力。田教练对董红娇等人进行了高强度训练。

最初，身体比较单薄的董红娇有点吃不消，田教练看在眼里，急在心里，一度对董红娇产生了怀疑。他悄悄地再次向沙洋县残联详细了解董红娇的情况，沙洋县残联如实相告，恳求再留她训练一段时间。

其实，几次训练之后，敏感的董红娇已从教练对待自己与其他队友的眼神中隐隐感觉到了不对劲，最后发现问题出在自己的训练没有达到教练的期望值。

找到了问题症结所在，董红娇开始发力。她通过看、练、思、悟、再练，一步步提升自己、壮大自己。那段时间，无论是在训练场，还是在食堂、宿舍，她想的都是技术动作，甚至在睡梦中也常常感觉到自己在训练。顿悟不常有，但有悟之时，董红娇不管是白天还是黑夜，不管是下雨还是烈日，都会跑到训练场地上练上一阵……

正是这样的勤于思考加上刻苦训练，还没等到沙洋县残联向她反馈教练的意见，田教练就已对董红娇另眼相看了。在一次训练休息空隙，田教练轻轻拍着董红娇的肩膀，意味深长地说：“好样的！继续保持……”

此时，湖北轮椅竞速队所在的黄石训练基地被确定为全国轮椅竞速训练基地，全国各地的轮椅竞速队员都集中在这里，省队教练、国家队教练数不胜数，来自五湖四海的运动员会聚在一起，教练们不同的训练方式和队员们新奇的运动体验，大家相互交流、碰撞，一次又一次地挑战极限，这让董红娇受益匪浅。

刚进省队的时候，董红娇的想法很单纯：按照教练的要求练一练，如果能留下来当然好，留不下来就回去继续学裁缝。然而，练着练着，她的眼界开阔了，知道了 2005 年有巴西首届世界轮椅和截肢者运动会，2007 年有全国残运会、2008 年有北京残奥会，她的想法也就变了：我怎么才能参加这些运动会？

当时，离得最近的是 2005 年在巴西举行的首届世界轮椅和截肢者运动会。董红娇听很多教练私下议论，如果这次运动会中国再不拿几个好名次，中国的轮椅竞速项目将前途堪忧。这激发了董红娇的极大兴趣和昂扬斗志，她暗下决心："我来做破局之人！"

其实，刚接触这个项目的董红娇还只是"青铜"，与"王者"还相距甚远，而且她还没有专属的战车。

轮椅是残疾人的代步工具，但在残运会田径赛场上，竞速轮椅则是运动员的战车。竞速轮椅价格不菲，体能训练进行了很长一段时间后，省队才采购回一批，在人多车少的情况下，大家只能轮训，常常是等轮椅的时间超过了训练时间。但在等待轮椅的时间里董红娇却没闲着，她自觉进行体能训练，她深知只有拥有扎实的体能，才能轻松地驾驭战车。

尽管省队的装备在不断改善，但改装后的竞速轮椅，最大的问题是稳定性不强，坐上去后重心不稳，一不小心就翻车。董红娇意识到，想要拥有一台真正适合自己、属于自己的竞速轮椅，唯一的途径就是进国家队。

然而，虽然省队基地就是国家队的集训地，但想要从省队跨入国家队绝非易事，唯一的办法就是苦练。每次拖着疲惫的身躯和浑身的伤痛回到宿舍时，董红娇总会在镜子面前照照自己被摔伤或者被尘土染黑的脸，然后举起右拳给自己鼓劲："加油，我一定要进国家队!"

"你们的对手，只有自己"

日子一天天地过，董红娇一点点地进步，终于，2005 年她驾驶战车撞开了国家队的大门。

进入国家队后，董红娇获得了一辆量身定做的竞速轮椅，大家习惯性地将量身定做的竞速轮椅称为车。董红娇仿佛如虎添翼，她更加玩命地投入训练，寻找人车合一的境界。终于，功夫不负有心人，她与张婷在众多竞争者中脱颖而出，获得了代表中国前往巴西里约热内卢参加首届世界轮椅和截肢者运动会。

在此之前，董红娇去过最远的地方就是武汉。

第一次坐飞机，董红娇激动得睡不着，顶着两个大黑眼圈。她不懂换登机牌，不会过安检，对手机选座更是迷茫，带队教练一边教一边打趣："都说 80 后是天生的电子通，你们俩怎么能这样特立独行?"董红娇吐一吐舌头："白学了两年计算机……"

置身于宽敞的机场，看着令人晕头转向的指示牌、琳琅满目的商业区、免税区，还有不同肤色的人群，董红娇不禁想起在荆门向东桥摆宵夜摊的父母，感叹世界差别竟是如此之大。带队教练似乎看穿了董红娇心里的小九九，说："这次带你们出来比赛，获不获奖不重要，主要是见见世面，看看国外的赛事是什么样子……"顿了顿，带队教练看了看远方，又说："这一战，比以往任何一次都重要。无论是巴西，还是其他国家，都不是你们的对手，你们的对手，只有自己!"

与其他运动员不一样的是，董红娇的战车是拆散后托运的，到达目的地后再重新组装。组装不仅是体力活，也是脑力活。第一次以及之后数次的组装还原，让董红娇对自己战车的每一个零部件、每一寸“肌肤”都有了刻骨铭心的记忆以及深切的情感，真正在比赛时做到人车合一。

终于，董红娇不负众望，一举斩获轮椅竞速 T54 级女子 800 米金牌。

2008 年北京残奥会上，董红娇（左）与队友张立新（中）、张婷（右）留影。

2008 年 9 月 16 日，董红娇和她的队友刘文君、张婷、黄丽莎出现在北京残奥会 T53—54 级女子 4×100 米接力比赛现场。在主场观众山呼海啸般的加油声中，四位姑娘奋勇争先，以 57 秒 61 的成绩打破世界纪录，斩获金牌。

走下领奖台，董红娇给李虎召打了一个电话，因为，她深知，这枚金牌有丈夫的功劳。

李虎召是河北省轮椅竞速队队员，董红娇与他在黄石集训时相识。当时，为加强学习、增进交流，女队训练的时候男队就在边上观看，男队训练的时候女队就在边上观看，虽然技术特点不一样，但基本原理是相同的。李虎召注意到了技术水平很高的董红娇，但也发现了董红娇的短板，训练结束后，李虎召主动找董红娇，结合自身训练的体会，给出了建议，他一边讲解一边演示，建议她把动作稍微改一改。

随着时间的推移，两个人互为倾诉对象，相互鼓励、共同进步。2009年，两人一起出国比赛，9月15日，一个明朗而美好的清晨，李虎召向董红娇送上了一杯新鲜的牛奶，董红娇娇羞地收下。自此，两人正式确定了恋爱关系。

2012年8月，董红娇在伦敦残奥会上获得T54级女子100米银牌。

同年12月12日，两人步入神圣的婚礼殿堂。

2014年，董红娇在仁川亚残会上再次获得一金一银的好成绩。

这期间，董红娇先后被授予荆门市和全国三八红旗手光荣称号。

面对荣誉，她显得很淡定。退役后，董红娇渐渐淡出了公众视野，回归平静的生活，如今，她和丈夫时而在湖北，时而在河北自由自在地生活。在她位于荆门的家中，三代同堂的大家庭全家福与湖北省人民政府颁发的“残奥冠军之家”牌匾摆放在最显眼处。

现在，不时有学校邀请董红娇和丈夫去讲讲自身的奋斗经历，激励更多的年轻人发奋图强。每次演讲，她总要传播一种理念：“体育不只是简单的运动，它铸造了勇敢顽强的性格、超越自我的品质、迎接挑战的意志，培养了我们的竞争意识、协作精神和公平观念。体育带给我们的这些最珍贵的馈赠，是在课本里学不到的认知。一个人如果拥有了这些，哪怕不一定成功，但一定是优秀、快乐的人!”

“没有对故土的挚爱和饱满情感，是画不出具有生动情趣的田园山水画的。”

——孙延祥

孙延祥：泼墨纵横山水间

熊道德

2006年夏的一天，孙延祥接到来自北京的一个长途电话："老兄，恭喜你，你的大作获奖并在中国人民革命军事博物馆展出了！"

电话是孙延祥中国美院高研班的同学打来的。原来，他创作的国画《红色记忆》成功入选纪念红军长征胜利70周年中国画作品展并获得最高奖。

获此消息，孙延祥无比激动。

令他同样激动的是，6年之后，即2012年10月11日北京人民大会堂艺委会向孙延祥颁发了一份收藏证书，他的巨幅佳作《三峡新颜》被人民大会堂管理局收藏。

孙延祥实现了自己的心愿：把心中的山水献给人民，献给祖国。

少时涂鸦，热爱是最好的老师

在汉江之滨，有一片充满故事与底蕴的土地——沙洋，她被誉为"小汉口"。这片沃土滋养了艺术之子孙延祥的童年，让他从小就与色彩和线条紧密相连。

孙延祥的童年，是用画笔勾勒出的斑斓世界。孙延祥的小学是在沙洋交通小学读的。有一个美术老师叫毛恭秀，从小就对画画感兴趣的孙延祥便跟在毛老师身边学习画画，毛老师手把手地指导他先构图，然后再勾勒线条，再着色。学校门口有一处小池塘，池塘边长着一排柳树，一群小鸭子在水塘里叽叽呱呱地嬉戏。孙延祥把它们画了下来，交给毛老师。毛老师表扬他画的小鸭子活灵活现，还在作品上题了一句“春江水暖鸭先知”。孙延祥的才情得到老师表扬，同学们羡慕不已。

孙延祥在新完成的画作前留影。

1969年，在沙洋中学读书的孙延祥参加修建焦枝铁路。在工地上他是宣传小组成员，负责画墙报刊头。有一次，沙洋中学美术老师叶家寿安排他画雷锋宣传画。由于不懂绘画技巧，他把雷锋的腮帮子画得内陷，叶老师特地指导他，应该让线条柔和上扬，表现出圆润，赋予雷锋饱满的精神状态。

即便在特殊年代，孙延祥也没荒废学业和画画，他每天跑到河边呼吸新鲜空气，随后便沉浸在自己的艺术世界里，素描、写生，乐在其中。

命运总是眷顾那些执着追求梦想的人。一次偶然的机会，孙延祥遇到了建筑公司的设计师祝华老师。祝老师不仅美术造诣深厚，还曾创作出参加省展的国画佳作。他给予了孙延祥耐心指导，传授了许多宝贵的美术知识和技法。受到祝华的点拨和鼓励，孙延祥对绘画的热爱更加坚定，他暗下决心，一定要成为一名优秀的画家。

在学校，孙延祥担任了校美术小组的组长，负责墙报的编辑和绘制工作。每期墙报都是他的精心之作，内容丰富多彩，版面设计巧妙，吸引了众多同学驻足观看。他的才华和努力得到了老师和同学们的认可与赞扬，他也因此更加自信地走在艺术的道路上。

青春萌动，在实践中长才干

1970 年，孙延祥背起行囊，携着画具，踏上了前往荆门县马良区南海公社刘跛大队三小队的征途，开始了知青生涯。

在那片广袤的田野上，孙延祥与乡亲们并肩劳作，插秧、锄草、施肥、收割，汗水浸透了衣衫，却也磨砺了他的意志，铸就了他的坚忍。每当夕阳西下、万籁俱寂之时，他并未像其他知青那样早早休憩，而是点亮油灯，铺开画纸，将一天的所见所感，细腻地勾勒于笔端。从晨曦初照到夜幕低垂，每一幅画作都是他心灵的独白，对这片土地深情的告白。

冬日里，当社员们忙于修水库、筑堤坝时，孙延祥被委以重任，担任了公社政工员。他充分利用自己的绘画特长，将先进人物和壮观的劳动场面生动地展现在墙报上，赢得了领导和社员们的一致赞誉。

在下乡的日子里，孙延祥画了一幅知青画《广阔天地练红心》，记录那个时代的知青精神。这幅画获得了荆州地区美术大展优秀奖，这是孙延祥获得的第一个具有实际意义的奖状。这一年，孙延祥 18 岁。

在南海公社，他的名字渐渐与画笔紧密相连，成了小有名气的青年画家。

知青岁月不仅铸就了孙延祥的品格，更激发了他对绘画的无限热爱。在他眼中，万物皆可入画，山川草木、田园风光、人物百态，无一不成为他笔下的素材。无论是几十里山路的蜿蜒曲折，还是乡村生活的恬淡宁静，都被他一一捕捉，精心描绘在速写本上。这份对艺术的执着与追求，让他在知青群体中脱颖而出。

凭借着出色的美术才华，孙延祥成为荆门县供销社的一名专职美工，他用画笔将琳琅满目的商品绘入画中。

工作期间，孙延祥遇到了荆门县文化馆金波老师，金波老师欣赏孙延祥的绘画才能，推荐他到荆州地区沙市文化馆学习版画。在长达 8 个月的学习期间，孙延祥结识了沙市文化馆的付海松老师。付老师毕业于湖北美术学院，受过专业训练，对绘画有深刻的体会。他要求孙延祥画画先学素描，因为素描是一切绘画的基础，基础不牢地动山摇。

素描锻炼观察能力，正所谓一个鸡蛋有十种不同的画法，在一个静止的物体前，光线从哪儿打过来，留下什么样的阴影，观察者角度不同，就呈现出不同的视觉效果。孙延祥打小数学、物理成绩就很好，这帮了他大忙，他对静物及投影的理解总是又快又精准。严格扎实的素描练习夯实了他的绘画基本功。

孙延祥深知“实践出真知”的道理，他不断地参加各种展览和培训，与名师名家交流切磋，汲取艺术的精髓。1977 年，国家恢复高考，孙延祥心中燃起了新的希望之火，他满怀信心地参加了美术学院的艺考并脱颖而出。然而，面对家庭重担和现实压力，他最终遗憾地放弃了继续深造的机会。生活给他开了个玩笑，但这个玩笑却让他在艺术之路上增添了一份韧劲。

中年不惑，挑战自我皆为画

时光荏苒，当岁月悄然步入不惑之年，孙延祥的人生画卷却在此刻迎来了新的华章。

1992年，国家成人高考的大门向他敞开，已近四十岁的他，凭借不懈的努力与坚持，成功踏入了湖北工业大学工艺美术系的殿堂，开启了为期三年的脱产学习。

在校期间，孙延祥不仅埋头苦读，更将所学融于实践，其论文《浅谈中国画意境》在湖北工艺美术学会论坛上荣获优秀论文奖。这一荣誉，不仅是对他学术成果的肯定，更是他艺术道路上的一块重要里程碑。随后，他顺利通过湖北省工艺美术职称评定，成为高级工艺美术师，并被荆门人事局职称改革办聘为美术评委。

孙延祥并不满足，他以中年人特有的沉稳，在艺术的海洋里继续深耕细作。他受聘担任荆门大学美术系副教授，专研中国写意山水画，其作品《情系巴山》在纪念《在延安文艺座谈会上的讲话》发表50周年和第八届湖北省美术作品展览中脱颖而出，成为荆门市唯一参展佳作。当得知自己的作品与时任湖北省文联主席、著名画家周韶华的作品并肩悬挂于展厅的显眼位置时，孙延祥的心中充满了无比的激动与自豪。

此后的岁月里，孙延祥更是佳作频出，《新居》《依依三峡情》《故乡吟》《秋韵》等一幅幅作品相继问世，先后入选湖北省青年美术展、湖北民俗画展。它们不仅展示了他的勤奋，更传递了他对生活的热爱，对自然的敬畏以及对艺术的追求。

1994年，孙延祥被引进到荆门市文化局书画院担任副院长一职，也获得了更为广阔的创作空间。在书画院的日子里，他笔耕不辍，创作了《潇湘新绿》《雨霁潇湘》《侗乡秋月》等作品。表现石油工人的作品《油城，您早》，在全国第三届山水画大展上获奖；以钟祥明显陵为蓝本创作的《千秋岁月》入选联合国主办的"世界遗产在中国"艺术大展，还在中法文化交流年活动中在法国卢浮宫展出；以长江为题材创作的《峡上晨光》参加全国书画院展览，荣获"徐悲鸿美术奖"，徐悲鸿的夫人廖静文向他颁发了奖状。

走向庙堂，笔耕不辍绘新篇

2004年，时年52岁的孙延祥考入中国美术家协会举办的首届创作高研班，开启一段高能态、大密度的充电期，有幸师从梅启林、刘大为、龙瑞、张立辰和郭石夫等艺术大师。

在何家安老师主持的仿古课上，何老师以敏锐的洞察力指出了孙延祥作品中潜藏的地域性习惯，并鼓励他摆脱束缚，追求笔墨的纯粹与意境的深远。通过反复观摩与实践，孙延祥逐渐领悟到临古的真谛，不仅学会了静心创作，更深刻理解了古人作品中的人文气、书卷气与庙堂气，这成为他艺术道路上宝贵的滋养。

2005年，全国性的中国画展览正式拉开帷幕，孙延祥深知这是检验自己艺术水平的一次良机。他反复思考，将自己对山水的理解融入画中，以笔墨传情，以画达意，创作了一幅以神农架为背景的《神农晚秋》。这幅作品巧妙地运用了中国画以少胜多、笔墨简练的特点，赢得了导师们的赞赏，并在全国中国画作品展中荣获了最高奖。

2006年，荆门市因筹备主办湖北省第十三届运动会，急需本土艺术家为市体育文化中心贵宾厅创作壁画。孙延祥正在北京深造，接到召唤后即刻返乡，创作了巨幅山水画《百里漳河看今朝》，不仅完美展现了漳河之美，更在“百城赋”评选中代表荆门赢得了荣誉，这幅作品刊登在《光明日报》上，极大地提升了荆门的知名度。此后，孙延祥更是倾注七年心血，完成了百米长卷《漳河清韵》。

2006年，孙延祥凭借出色的艺术成就和不懈努力，成功加入中国美术家协会，跨入了国家级画家行列。同时，他通过了湖北省人事厅艺术系列的严格评审，获得了国家一级美术师职称，成为荆门市中国山水画家中唯一的中国美协会员、唯一的国家一级美术师和体制内专业艺术家。

2006年初，为纪念红军长征胜利70周年，中国美术家协会向全国征集画作。孙延祥得知这个消息后，立刻进入了创作状态。他想起了红歌比赛上的歌曲《十送红军》，想起了曾在参观红安县将军村的情景，他找出当年在将军村的速写，那是枫叶殷红的季节，山坡路旁大大小小的枫树在秋风吹拂下闪着红色的光亮，房前屋后的几棵大红枫的红叶散落在屋顶和地上，显得分外绚烂。一幅红军走出家乡，踏上长征之路的画面，在孙延祥心中勾勒出雏形——长征路上，一株伟岸的树，树梢是一片彤红的云。

孙延祥采用石法来创作，画面显得更加厚重坚定。火红的树冠遮天蔽日，象征着中国工农红军众志成城，坚不可摧。画面下端的黑瓦白墙上隐约可见“保卫红色苏维埃”“中国工农红军万岁”的标语……一幅以红色为基调的作品终于完成了。题款时孙延祥陷入了沉思：用什么标题呢？恰好客厅里的电视机正播放纪念红军长征七十周年专题片《红色记忆》，他夫人灵机一动：就借用这个标题如何？孙延祥连声称好，欣然落笔。

不久，出现了本文开头的一幕。令孙延祥没想到的是，他又收到求是杂志社寄来的20本《求是》样刊，《红色记忆》登上了2007年第7期

《求是》杂志的封三。这意味着孙延祥实现了荆门市在最高级别的党刊发表艺术作品的“零的突破”。随后，《红色记忆》犹如红色旋风，先后被《美术》《中国书画报》《中国美术报》《中国改革报》《中国诗书画报》等几十种报刊登载。

2011年，孙延祥受邀到重庆参加一个盛大的中国画研讨笔会，与会成员均是来自全国各地的知名画家，不乏各省的美协主席或副主席。主办方恳请他们画一幅丈八尺寸的三峡画。孙延祥所在的一组共四人，大家推举孙延祥勾勒小图。依开笔者为尊的笔会传统礼节，四人相互谦让，别的组都已开画了，孙延祥这一组仍是白纸一张。在众人的催促下，孙延祥脱掉鞋子，站到画台上，拿起大笔左一墨块，右一组线条，龙飞凤舞地画起来，或淋漓酣畅，或墨韵朦胧，有湿有干有枯笔，他弯腰勾背地画了一个多小时，围观者尚看不明白。休息片刻，孙延祥又换中号毛笔，勾勾连连，皴皴擦擦，整体收拾差不多时，四人合力将画提牵竖面看效果，全场突然响起热烈掌声，大家异口同声称赞：“好一幅三峡壮美图!”

这时，新华社驻重庆的一位记者带着一个人走到孙延祥面前，很有礼貌地问道：“孙老师画得真精彩，您能不能为北京人民大会堂画一幅呢?人民大会堂正在进行新一轮装修。”孙延祥以为是开玩笑，便随口答应下来。

时隔半月，北京人民大会堂管理局给北京中国文艺家书画院下发了一个委托邀请函，请孙延祥为人民大会堂画一幅三峡画。

孙延祥接到邀请后，再一次上三峡采风，画了上百张速写和构图，回来后一头扎进画室，组织构图，提炼升华。终于，一幅2.4米×6米的《山峡新颜》作品完成。孙延祥亲赴北京，同中国文艺家书画院同仁一道来到人民大会堂，将作品交给人民大会堂管理局负责人，人民大会堂艺委会负责人李景祥向孙延祥颁发了人民大会堂管理局的收藏证书，并留下影像资料，此画由人民大会堂永久收藏。

2011 年，孙延祥应邀为北京人民大会堂创作巨幅山水画《三峡新颜》。

孙延祥还积极参与国家重大活动的艺术创作。2015 年，孙延祥为“荆门舰”创作了三幅作品，分别挂在舰长指挥室和政委办公室。

2022 年，荆门市举办湖北省第三届园博会，孙延祥创作的巨幅中国画《毓灵荆门山河秀》，高 6.84 米，宽 8.4 米，500 多平尺。它艺术地再现了漳河的清、长湖的情、东宝山的秀等 15 处美丽的景色。整幅作品落墨有序，疏处不空，密处不乱，气氛优美静谧，虚渺葱郁，洋溢着南方水雾的秀润，画出了烟雨迷蒙、细腻温润的生命情调。他说：“没有对故土的挚爱和饱满情感，是画不出具有生动情趣的田园山水画的。”

岁月悠悠，孙延祥的艺术之路却如同那连绵不绝的山川一般，生机勃勃。身为荆门市美术家协会副主席，他先后出版了《孙延祥画集》《孙延祥写意山水集》《孙延祥国画集》《孙延祥花鸟集》《孙延祥作品集》《孙延祥小品集》等。如今，已被评为“荆门名家”的孙延祥依然活跃在艺术创作的前沿，用画笔记录着时代的变迁，描绘着生活的美好。因为，他的艺术庙堂是人民大会堂，更是人民。

“艺无止境，要想成为一名优秀的演员，必须具备对艺术精益求精的精神和勇攀高峰的勇气和决心。”

——曾　菊

曾菊：水乡百灵摘“梅花”

王琼

“三月里等我的郎哟，是清明，情郎我的哥哥，话儿讲得明。话儿讲得明，凉水能点灯，郎呐……”一曲悠扬的等郎调缓缓响起，苗子出现在舞台上，她深情的演唱、俊俏的扮相一下子吸引了全场观众。

2007 年 9 月，《十二月等郎》进京参加中宣部第十届“五个一工程”奖戏剧展演，作为女主角，曾菊第一次站上了国家大剧院的舞台。

水乡飞出百灵鸟

她来的时候，盛夏的天空瓦蓝明净，如洗过一般，一声鸟鸣滑落在稻田里金黄的谷粒上，远处的长湖温柔浩渺，一切美得不可方物。

1970 年农历七月初二，曾菊出生在沙洋县后港镇乔姆村。这个爱唱爱跳的水乡姑娘柔美里带着一股英气，当女兵和演员是她年少时的梦想。当电影《少林寺》火遍大江南北时，她迷上了其中的插曲《牧羊曲》，日夜学唱，直到能和原唱相媲美。

13 岁那年，听说荆门艺术剧院花鼓剧团来后港招生，活泼大胆的曾菊当即领着陈巷小学十多个学生步行数里，赶到后港文化站参加初试。若干年后，初试考官金亮依然记忆犹新：其他学校都是老师带队，唯独陈巷小学是曾菊这个学生娃带队。

金亮用二胡伴奏，曾菊唱了一首《牧羊曲》。曾菊五官端正，身材匀称，尤其是像百灵鸟一样清脆明亮的嗓音令金亮眼睛一亮，当即决定推荐她参加复试。果然，曾菊过关斩将，顺利拿到了录取通知书。

就要进城学习，而且是当演员，这对一个农村女孩子而言是多么大的喜事。然而，拿到录取通知书，并不意味着从此高枕无忧，剧院实行考核淘汰制，学员随时有可能被退回原籍。临行前，母亲牵着曾菊的手，反复叮嘱："到了剧团要好好练，用心学，争取成为一名真正的演员。"

曾菊望着母亲殷切的眼神，在心里暗暗发誓：一定要学出个样子来！

不料，走进剧团，曾菊发现现实与想象大相径庭。她原以为是学习民歌，没想到老师教的是戏曲，而且所教不多，反反复复只有四句花鼓戏，唱词也仅数字而已。曾菊从未接触过花鼓戏，虽然觉得旋律婉转动听，可音调弯弯绕绕，实难把握。看似简单的唱腔，她竟然整整学了一个星期！所幸，她通过了综合考核，得以留在剧团继续学习。

和其他学员相比，曾菊自忖天赋不如他们，唯有勤能补拙。于是，下课后，她自觉留下来多练一会儿；每到星期天，别人去逛街了，她仍在教室默默练功。两年后，作为学员班的四名优秀学员之一，曾菊被选送到荆州艺校学习。

从荆门去的四个同学都很用功，唯恐落在他人之后，每年学期考核，前三名永远在他们四人中产生。曾菊格外珍惜来之不易的学习机会，她知道自己腰身不够柔软，表演基本功不算最好，嗓音也不是顶尖，单列任何一项她都排不上第一，为此，她牺牲了所有休息时间勤学苦练。

令曾菊遗憾的是，四年学习期间，她虽然付出了比别人多几倍的心血和汗水，却只是在第二名和第三名间徘徊，始终未能获得第一名。但这也让她明白了一个道理：做事尽力而为，当求无愧于心，唯有全力以赴学习戏曲的赤诚之心不可辜负。事实上，曾菊具有很强的综合素质，只是她对此毫不自知，当时一心想的是再努力一点、再拼命一点，也许就能摘取桂冠了。

1989年临毕业时，曾菊已经成为学生中的佼佼者，她以一出《挡马》中的杨八姐参加湖北省艺术院校“桃李杯”比赛，获得了三等奖。这是她艺术生涯中获得的第一个奖，来之不易。

“艺无止境，要想成为一名优秀的演员，必须具备对艺术精益求精的精神和勇攀高峰的勇气和决心。”回到荆门艺术剧院上班后，曾菊一边参加演出，上山下乡，辗转南北，在舞台实践中提高表演水平，一边虚心向剧院的老演员请教。为了让自己成为艺术上的多面手，她又根据自己的嗓音条件尝试学习演唱民歌，并把学到的民歌演唱技艺运用到花鼓戏舞台上，成为剧院为数不多既能演戏曲又善歌舞的演员。

孜孜以求创精品

花鼓戏在湖北源远流长，但荆门花鼓剧团是一个年轻的艺术团体，时任院长张云常意识到必须创演一批有影响力的剧目，留住年轻人，扩大剧团的影响力。于是，他四处张罗，找剧本请导演，为剧团量身打造新剧目。

1992年剧院准备排演大型现代花鼓戏《荷花洲头》，院领导再三考虑，决定启用属于新人的曾菊，让她在剧中扮演女一号荷花。

得到消息的曾菊并没有欣喜若狂，她的心里有两个小人儿展开了激烈的对话：“终于有了演主角、展示才华的机会。这是领导的信任和重托，不能辜负!”“你从没在大型剧目中担任过主角，这样一部大戏你能否胜任呢?”喜忧参半，一番自我斗争后，她决定迎接挑战。

因剧情需要，导演为女主角设计了三个倒狮虎动作，要求做得干净利落。如此高难度动作，曾菊能完成吗？导演和领导都有些担心，曾菊自己心里也没底。但开弓没有回头箭，曾菊每天早晨六点钟就到排练厅一遍一遍地练习，终于她打消了所有的疑虑，一连串地表演下来，全场响起喝彩声。后来，《荷花洲头》参加湖北省剧种会演，获表演一等奖，曾菊也凭借出色的表演获得了湖北省第三届戏剧青年演员比赛新人奖。

1996 年，剧院邀请著名戏曲导演张曼君执导排演《闹龙舟》，曾菊在剧中扮演貂蝉，一个聪慧娇俏的美人被她演绎得惟妙惟肖，得到了张曼君的赏识。张曼君对剧院领导说："这个演员不错，有机会的话，我要为她量身定做排一部戏。"

有些演员随着声名的增大，很难再甘心饰演配角，但曾菊不一样，她从不挑剔角色大小，对于没有一句台词的配角、群演她都来者不拒，力求做到出彩。因为，她认可戏剧大师斯坦尼斯拉夫斯基的名言："没有小角色，只有小演员。"她把每一次演出、每一个角色都当作提高自己的机会。

2004 年底，荆门艺术剧院为了参加第八届中国艺术节，特别聘请著名编剧盛和煜创作了大型现代花鼓戏《十二月等郎》，再次邀请张曼君执导。这次，张导点名曾菊饰演剧中女主角苗子，也兑现了八年前的承诺，曾菊也由此开启了她艺术生涯上的一次质的飞跃。

《十二月等郎》改编自中篇小说《乡村留守》，是一台以"三农"问题为题材的花鼓戏。全剧讲述了一群留守乡村的女人在驻村工作队的指导下，由被动留守到主动奋发创业，用柔弱的双肩扛起生活的重担，最终摆脱贫困与寂寞，创造属于自己的一方热土和精神家园的故事。剧情在等郎调忧伤凄美的旋律中，按照十二个月的时序推进，像潮汐一样跌宕起伏。

不同于湖南花鼓戏，湖北的花鼓戏长期以来是冠以"天沔花鼓"或"荆州花鼓"，但《十二月等郎》动摇了这一传统说法，后来，甚至有专家评价说："《十二月等郎》的出现，标志着一个新的剧种名称开始出现了，这就是'湖北花鼓戏'!"之所以能获得如此之高的评价，是因为《十二月等郎》对荆州花鼓戏的改革创新是全方位的，涉及编剧、导演、表演、声腔、服装、舞美等各个方面。尤其是在声腔设计上，不再运用传统高腔，而是选择融入了花腔的新高腔，并舍弃了传统的锣鼓伴奏，甚至不再采用逢唱必有的"哟喂哟"无字腔，大胆采取无伴奏的演唱方式。

这样的声腔设计，对演员提出了极高的要求，音准、节奏、音色、气息都要做到丝丝入扣，稍有不慎，就荒腔走板，一场戏演下来，实际上是对演员艺术功底的一次深度考验。为此，曾菊狠下了一番苦功夫，经过20多天的专项训练，她的演唱既保持了自己嗓音明亮清澈的特点，又增添了一分共鸣和圆润，为人物塑造打下了最坚实的基础。

曾菊的家离剧院比较远，为了不影响排练，她将自己的家搬到了离剧院较近的姑妹家中。没有时间做饭，她就让上小学二年级的儿子每天跟着她吃盒饭。

为了塑造苗子自强自立、忍辱负重的新时代农村女性形象，曾菊全身心地投入排练中。对每一次哭笑惊叹、每一次转身回眸、每一句深情道白，她都认真琢磨、反复练习。正所谓"不疯魔不成活"，即使在吃饭或走路时，对哪句台词或唱腔忽然灵光一现，她也会下意识地念唱起来，有时连睡觉时都会自言自语地揣摩角色。老公忍不住调侃她："你再这样搞下去，只怕是要得神经病了。"

排"七月"这场戏时，为了表现苗子抗洪抢险时的焦急心情，曾菊需要从一米多高的台板上跳下来堵住溃口，结果，有一次站立不稳，她不慎扭伤了脚踝。为了不影响排练进度，她瘸着脚一边治疗一边坚持排练，演出时打着封闭上场。

《十二月等郎》宣传画。

摘得梅花耀楚天

《十二月等郎》共 7 幕戏，整场演出时间为 125 分钟。对曾菊来说，场与场之间几乎没有丝毫休息时间。全场演下来，她心力交瘁。

在参加第八届中国艺术节时，连演了十几场，疲劳过度导致曾菊的声带上长出了两个小节。然而不凑巧的是，第二天评委会专家要来考评，她不得不连夜到医院输液，让医生给她打最高剂量的激素，以控制嗓音嘶哑。团领导也焦急万分，不得不做了一个属于下策的预案：万一她在舞台上失声，就用录音对口型。

临到正式演出时，最不愿看到的事情还是发生了。演到第四幕，别说是演唱，就连道白曾菊也念不出来了，团里不得不使用了录音。排练了那么久，辛苦了那么多天，每个人都付出了心血，却没想到结果竟是这样！全剧团上上下下所有人，包括导演都哭了，曾菊更是泣不成声，决堤般的泪水中有无奈，有歉意，更有不甘。

上下幕转场对演职人员而言就是一场时间争夺战，大家必须在极短的时间内完成换台，帮演员完成换装。

有一次，在荆门市群艺馆演出，换场时灯光骤暗，曾菊换好装正要上场时，不小心被人撞了，她失去重心，从一米多高的舞台上掉了下去，一块木板刮中了她的大腿，她顿时疼得火烧火燎，龇牙咧嘴，但戏比天大，想着要上场，她只得咬咬牙，使劲地蹦了两下，以缓解疼痛，场灯一亮，她便若无其事地上场接着表演。等到忍痛演完这一幕下场后，她才发现木板竟把她大腿上的肌肉硬生生地刮掉了一大块。后来虽经过治疗，腿上却仍留下了一个大窝。

《十二月等郎》从荆门艺术剧院出发，首先在全市火了起来，然后又先后走进武汉、上海、浙江等地，直至走进北京，登上国家大剧院的舞台。这期间，曾菊和剧组的同行们一起，还把这台戏送到了田间地头，送到了北京奥运场馆建设工地，受到了全国戏曲界和广大观众的一致好评。

时光不负赶路人，《十二月等郎》先后入选2005—2006年度国家舞台艺术精品工程精品提名剧目，夺得文化部文华大奖、全国地方戏优秀剧目评比展演一等奖第一名、中宣部“五个一工程”奖。曾菊个人也获得了文华表演奖、第八届中国艺术节最受观众喜爱演员奖、中国戏曲最高奖——梅花奖。

《十二月等郎》造就了曾菊职业生涯的高光时刻，但她并未就此停下前行的脚步，而是转身开始了新的跋涉，投入大型现代花鼓戏《青年张文秋》的排演。这一次，她把人物从少女演到少妇，曾菊将自己对生活、对角色的理解，融进人物塑造中，将一个情感细腻而坚忍的革命女性形象完美地呈现在了舞台上。《青年张文秋》成为曾菊的另一部代表作。

这些年，曾菊随着剧团走乡村、下厂矿、进机关、入学校，无论舞台大小、观众多寡，只要一走上舞台，她都是全身心地投入。在各种演出活动中，她最喜欢进校园演出，在她看来，“戏迷要从小培养，孩子们从小懂一点戏曲审美常识，更利于戏曲的推广与传承”。说这句话时，她的眼里闪烁着对未来的憧憬和希望。

2021 年，在“戏曲进校园”活动中，曾菊为象山中学学生作表演示范。

1996 年，曾菊当选荆门市人大代表、湖北省政协委员，她觉得这不仅是一种荣誉，更是一种责任。地位的改变，意味着她肩上的担子更重了，不变的是那颗属于舞台的艺术之心。她一方面坚持演出，把自己最好的一面奉献给观众，另一方面又在着力培养后辈力量。她想得最多的是：如何把精品剧目推出去，把观众请进剧场，如何让更多的年轻人挑起振兴花鼓戏的重任。

“泥土里有父母亲的音容笑貌，夜半三更会化作汩汩泪水。”

——李可梅

李可梅：一生光阴画卷中

杨继宁

他今年 95 岁，已在台北生活了 75 年，他游历过世界上许多国家，但不改的是他的湖北荆门沈集乡音，还有在作品上永远不变的落款“荆门李可梅”。这位曾就读于沙洋中学，“淋过民国的雨，吹着共和的风，一生光阴画卷中”的知名画家李可梅，有着怎样的传奇人生呢?

自带光环，他从举人湾里走出

举人湾里再也没有举人了，但举人湾还在，荆门市麻城镇三青村即是。相传清朝末年，举人湾的李家是当地的大户，李承鉴一辈有 7 兄弟，其中 5 人留学日本，家族里出了 2 个文举人和 3 个武举人。李承鉴官居奉天（现在辽宁沈阳）知府，相当于现在的沈阳市市长。

金榜题名是光宗耀祖的事情。获得举人名号的人家，门前都要高高地竖起两根旗杆，这既代表了文化高度，又是文化坐标，既标志着对书香传家的赓续，又是对文化人的礼遇。李家大院至今保留着清朝留下来的两只大石礅，其中一个是练武人用过的石锁。

中华人民共和国成立 37 年后，李承鉴的嫡孙李维政回到举人湾，此时，距他离开故土已有 38 个春秋。他用手反复抚摸石锁，用掌心一寸一寸地擦去上面的尘埃，小时候的记忆便一寸一寸从心头涌了上来。他试着举起石锁，石锁却纹丝不动，岁月终究老去。身为画家的他为三青村留下墨宝："三山写意麻城镇，青史流芳举人湾。"作为举人湾的第一大才子，李维政回乡时家乡给了他崇高荣誉——三青村终身荣誉村民。

李维政的大妹妹回忆，李维政少年时画过一幅牡丹挂在窗户边，一天她做完农活后猛然抬头看向窗户，疑惑地问："大冬天的，怎么会有牡丹开花?"李维政嘿嘿一笑："大妹，这是我画的画。"那时，李维政才15岁。

生于1929年的李维政打小自带文化光环，真正是赢在起跑线上。相比乡里的放牛娃在牛背上长大，李维政是在书房里长大的。李家有俯瞰人生的财富优势，李维政有茁壮成长的基因优势。抗战期间，李维政四姐在河南新野县顺流乡教书，把他带在身边读书。小学毕业后李维政考上襄阳中学，直到1945年日本投降，漂泊在外的李维政才转学到家乡荆门龙泉中学就读。

1947年，李维政考入省立高中沙洋中学，刚读了一年，解放战争的胜负天平已发生明显倾斜，他随姐姐、姐夫远遁台湾。

在三清村，李德威有一幢新建的三层小楼房，从一楼到三楼的室内墙壁上，挂有许多李维政的大幅作品，比如《梅花》《牡丹》等，落款都是"荆门李可梅"。李德威骄傲地说："李可梅就是我大伯李维政。"原来，李维政是李可梅在家乡时的名字，自去了台湾后，因喜欢梅花，遂改名"李可梅"。如今，"李可梅"知名度已远超本名"李维政"。

在二楼东边的一堵墙上挂着李可梅的一封亲笔信。"德庞德彪德威梅芳四兄妹：我不知你们大小排行顺序姑且称之，我李家祖父辈七房，我祖父承鉴公是大房，你们曾祖即你先父之祖父是二房……血脉至亲。我因战乱离乡别井到台湾，出生入死，改革开放后返乡探亲，我家被淹没作水库，房屋不见了，家破了，父母也不见了……"

历史战乱阻隔两岸音讯，沧桑巨变，物是人非，谁的记忆不充满伤痛？

幸运的是李可梅活到了两岸三通，相比许多老死他乡的同乡，李可梅自有一份幸福。

当李可梅第一次回乡探亲时，他抱着大妹妹声泪俱下："我不下十次在香港办画展，北望家乡却止步于沙头角。真是没想到，我们兄妹还有再见面的一天……"

父母早已不在，回到家乡的李可梅匍匐在地，长时间亲吻故乡的泥土。因为，"泥土里有父母亲的音容笑貌，夜半三更会化作汩汩泪水"。

2016年10月，李可梅回乡探亲，在龙泉中学文明湖畔留影。

挥毫泼墨，他纵情于艺术世界

李可梅去台湾的经历颇为复杂且惊心动魄。

他跟着姐夫先到桂林，又到海南岛，匆匆作别家乡时，李可梅刚好新婚三天，靠身为国民党军官的姐夫登上了一艘开往台湾的军舰。

其实，当时一起启航的是两艘军舰，其中一艘军舰途中失去动力，在海上沉没，幸好李可梅没在那艘军舰上，要不然早就葬身鱼腹了。

每一个人都是时代的浮萍，动乱更甚。

1950年，李可梅考取台北警察学校，后来做了一名警官。从大陆撤到台湾的国民党军队及其家属达百万人，与台湾本地人发生了许多矛盾，社会秩序比较混乱。在乱世做警官，拥有许多普通底层民众想象不到的生活资源，是一个不错的选择。但是，李可梅志不在此。两年后，李可梅辞职，考入台湾大学中文系。

就读于台湾大学的李可梅常去图书馆，阅读了大量的文学作品，特别是唐诗宋词，打下了深厚的文学功底。后来李可梅出口成诗，其诗意蕴高远，韵律流畅。比如，李可梅题《牡丹诗》："姚黄魏紫洛阳花，翠盖呈祥忠厚家，金石有盟期永固，春风得意茁新芽。"

李可梅勤于书法。其行草系从二王法帖与米南宫十七帖之精髓而来，所作行草流动丰润，楷书方整峻穆，笔力充沛；隶书体势洒脱，笔力劲挺，结字精妙，安排妥适。总之，他的书作墨融笔畅，内蕴深邃。

李可梅真正学习画画，得益于一次偶遇。

高逸鸿是杭州邑中望族，名门之秀。渡海赴台后，子承父业，继续追求艺术梦想，在台湾与马寿华、陈方、陶芸楼、郑曼青、张谷年、刘延涛等艺术家结成了"七友画会"，创作出了许多令人叹为观止的佳作。

李可梅听说街上举办高逸鸿大师美术作品展，便欣然前往。他流连画展多日，竟然将参展作品全部临摹了一遍，特别是高逸鸿的山水花鸟画给了他极大的艺术震撼。拿着自己的临摹作品，他决定前去拜师。

人生有很多次偶然，也许一次偶然就会情定终身。

高逸鸿欣喜地看着眼前这个年轻人，竟将自己的作品临摹得有模有样，认定这是一个难得的人才，只需稍加点拨，定成大器。于是，他毫不犹豫将李可梅收为关门弟子。

高逸鸿有心栽培李可梅，给了他许多具体而精细的指导。

李可梅的同门师兄有很多，其中竟有古龙，还有蒋经国。而高逸鸿特别喜欢李可梅，不时将李可梅单独留下来开小灶。后来师兄们各奔前程，李可梅却沉浸在艺术世界里自得其乐。

台大毕业后，李可梅先在淡江大学当教授，又一度回到台湾大学执教。他一边教书一边绘画，同时继续在高师门下学艺，一直持续到1958年开办“复兴画苑”，以美术为职业，开设美术兴趣班，培养娃娃和年轻人，并为台北的餐馆、酒楼、写字楼、茶室等生意场作画。

由于李可梅的作品经常参加各种艺术展以及市场认可度高，他的名气渐渐在台湾流传开来，引起于右任的关注。在某一次展览上，于右任见到李可梅，欣然为复兴画苑题名，如今这幅牌匾仍挂在复兴画苑门楣上，留下一段文坛佳话。

李可梅的花鸟画得力于恩师传授，常以小写意为主。这些小写意花鸟画，笔笔可见功力，画画渗透意气。他尤其喜欢并擅长画梅花，在他看来，傲雪凌霜的梅花体现的是铮铮铁骨，最能代表中华文化之精髓。这也是他改名“李可梅”之由来。

几十年间，李可梅创作了数千幅中国画，参加大大小小的各种艺术展有280多次，获奖无数，其作品先后被美国芝加哥博物馆、纽约圣若望大学亚洲研究中心、弗吉尼亚华盛顿与李大学杜邦美术馆、黑鹰博物馆、巴拿马国立人文博物馆、西德亚东美术馆、瑞典博物馆、法国四大美术馆、韩国建国大学博物馆等收藏。他本人也先后担任台大、淡大、邮政总局、台湾艺术馆、台北美术馆讲座教授。

2011年，受中共湖北省委统战部邀请，李可梅回到武汉参加辛亥革命100周年纪念活动。激动不已的李可梅挥毫泼墨，精心创作了一幅《荷蟹图》，画面上，一株荷花、一只螃蟹，共处一隅，一抹山清水秀，和睦互鉴。荷花、莲子和藕构成了一个充满希望的有机整体，也是美好生活的象征，中国精神的最佳注脚。意犹未尽的他又题跋“两岸和谐天下无敌”，热烈而生动地表达了他盼望祖国统一的家国情怀。

台北中山纪念馆的一面墙上陈列着李可梅和台湾多位大师联袂创作的一幅巨型国画。画面是一株枝干遒劲的梅花和一只咆哮山林的老虎，背景是中国特色的丘陵山冈。在20世纪初的中国，孙中山以虎踞山冈的姿态，以在崎岖道路奔跑的决心为国事奔走呼号，其精神可嘉，其勇气可敬。

李可梅专心于绘画，若论政治，他只关心一点：两岸和谐统一。他的老师以及他的学生不约而同地评价他：他是一个正向的人，很少抱怨；他是一个专注于绘画的人，很少介入琐事；他是一个积极生活的人，乐观对待一切事物。

几度归来，乡音无改情更浓

李可梅第一次回到故乡是1983年，当时他已54岁。走进他的祖居地三青村，真有“少小离家老大回，乡音无改鬓毛衰”的感怀。

亲友们注意到，离家多年的李可梅仍然操一口流利的沈集口音。照常理，身处异乡这么多年，李可梅有足够的时间和足够的理由改变乡音，但他偏偏没改。也许他想以这种方式保留文化的认同感，保留对家乡的一份牵挂，这与他在每一幅作品上总是落款“荆门李可梅”如出一辙。

时隔三年，李可梅再次回乡，他随身带回3台日本松下彩色电视机，分送给亲友，这在当时可是不得了的高档礼物。

1988 年，李可梅三回故乡。这一次他去了武当山，上武当山的路有两条：老路陡峭，新路平缓。李可梅选择了走老路，他认为，走陡峭的路是一种文化体验，可以体验武当无限风光在险峰的文化精髓。他特地在南岩宫留宿一夜，与道长交流道家文化，切磋太极技艺。因为，几十年里李可梅一直保持着一个习惯：早上 5 点起床打太极拳，晚上 9 点打坐。

2018 年 9 月，李可梅（右）参加台北九九重阳节活动时现场作画。

2016 年，李可梅再次回到家乡是为了完成一个夙愿——在家乡举办一次个人画展，以表达一位 87 岁高龄游子的家乡情怀。他在荆门举办画展，得到了荆门市委、市政府的大力支持，市委常委、统战部部长出面接待，相关媒体争相报道，也受到了市民的追捧。画展期间他抽空去了一趟龙泉中学，因为，这里曾是他少年时代求学的地方。

回到家乡的李可梅受到乡亲们的热情款待。一次宴会上，有没吃完的馒头，李可梅用绘画的纸仔细地包起来，主人很是不解，现在又不缺吃的，吃不完就扔掉算了。李可梅说："不要浪费，包起来，我带回台北吃……"

"平湖沧浪别离水，归去来兮打旧堤。"2023 年，李可梅以 94 岁高龄回到了沙洋中学。

李可梅心里对沙洋中学一直魂牵梦绕。当年，他离开时是一片战火，现在，他归来时是一片欣欣向荣。不同的还在于，离开时是青葱少年，归来已是耄耋之态。面对美丽的踏平湖、郁郁葱葱的黄家山，李可梅无限感慨。

每遇特殊时刻，李可梅都会用自己的方式表达对母校的关注、关心。

1998 年沙洋中学 60 周年校庆，李可梅捐赠了一幅作品《梅花》。

2018 年沙洋中学 80 周年校庆，李可梅捐赠了国画《师德永铭》。

2020 年抗疫期间，李可梅向沙洋中学捐赠了一幅国画《天疫永息》。

2023 年 6 月 18 日，沙洋中学三千学子在细雨中敬候李可梅的到来。在欢迎仪式上，当蓝月亮集团公司董事长罗文贵握住李可梅的手时，主持人道出了与会者的共同心声：这是一次跨越海峡的握手，是一个艺术大师与一个民族品牌企业家的握手。

诗书画自古就是中华文人雅士标配，诗为魂，书为气，画为媒。画意无疆，诗意无穷，书发胸中之长河落日、千秋沟壑。李可梅心中有梅，手中有笔，他的艺术生涯全都浓缩于画卷之中。

“志存高远，贵在坚持，重在把握。”

——何克清

何克清：从黄家山起步的软件专家

范洪涛

2018 年 10 月 3 日，一个秋风送爽的日子，沙洋中学建校 80 周年庆典在位于黄家山的美丽校园隆重举行。在纷至沓来的校友中，一位华发老者含笑走进校园，走上“平湖讲坛”，以《大数据驱动的知识、智能与智慧的教育》为题，给在校学生们做了一场精彩的学术报告。

他，就是何克清，沙洋中学 1965 届高中毕业生，武汉大学教授、博士生导师，中国软件工程科技领域的开拓者之一。

站在科技馆的讲台上，环顾着台下一双双渴求知识的眼睛，何克清的思绪一下子闪回到 45 年前。那年，也是在一个秋风送爽的日子，他以高桥小学保送生的身份，第一次走进沙洋中学……

求学沙中，系上人生第一粒纽扣

1947 年 11 月 24 日，在距沙洋镇西南方向不到 10 公里的官垱乡高桥村的一个贫寒农家，一个小生命呱呱坠地。以种地为生的父亲看着襁褓中的这个男孩，高兴地称他为“沙牛”，寄托了他希望孩子能像牛一样的强壮勤劳的美好愿望。当然，他无论如何也不会想到，这一头“沙牛”有朝一日会成为一个大名鼎鼎的科学家。

虽然家境贫寒，但有慈爱的父母和善良的姐姐们的呵护，沙牛的童年过得无忧无虑。然而，3岁时，一场突如其来的痢疾重重地击倒了他，缺医少药、束手无策的母亲，只好听从乡邻的指点，到庙里捧回一把香灰冲水让他服下，这无异于雪上加霜。悲伤的父母只好把奄奄一息的沙牛摆放在堂屋的一角，待他吐尽最后一口气。

也算是沙牛命不该绝，一位远房叔伯亲戚偶尔来访，看到蜷缩在地上的沙牛，连忙告诉沙牛的父亲，沙洋镇上来了解放军，他们肯定可以治这个病。闻言，沙牛的父亲背起半袋米，疾行至沙洋，找到解放军卫生所，军医当即把黄连素交给他，并谢绝了用大米支付药费的好意。来不及道谢，何父又风一般地跑回家，让沙牛吃下了这救命的药。终于，沙牛转危为安，一家人喜极而泣……

解放军不仅救了沙牛一命，而且成了他的启蒙老师。

沙牛的父亲虽然没有文化，但他深知读书的重要性。于是，沙牛不到5岁就被父亲送到了高桥小学，这所学校的老师大多是解放军转业的文职干部。

第一次走进学校，沙牛与教音乐的班主任斐老师有了一段对话："你叫什么名字?""我叫沙牛。""这是小名呢，没有学名吧？我给你起个吧?""好!""你是什么辈分?""克字辈。""那就叫何克清好不好?""好!"

于是，沙牛从此有了一个正式的名字：何克清。

时至今日，何克清依然清晰地记着这一幕，想念着穿军装的斐老师。他说："解放军不仅救了我的命，而且为我打开了知识的天窗。"

由于年纪太小，何克清一年级时体育成绩不及格，甚至列队出操时连向左向右转都常常搞不清楚，闹出不少笑话，但这丝毫不妨碍他学习文化。天资聪慧的何克清很快在他的小伙伴中脱颖而出，1959年以全校第一名的成绩被保送到湖北省沙洋中学读初中。

何克清的父亲是慈父也是严父。把何克清送出家门时，他语重心长地嘱咐儿子："我不知道外面的世界是什么样子，但你要记住：任何时候你一定要成为最好的!”这句朴实无华的话，激励了何克清一辈子。

走进位列全省重点中学的沙洋中学，何克清的眼界一下子被打开了，在知识的海洋里他如鱼得水，尤其是在数学方面的表现尤为突出。三年后，他又以优异成绩升入沙洋中学高中继续深造。

何克清得到了老师们的格外关照。他至今记得，教俄语的白老师一遍遍地教他阅读，教语文的郑老师不厌其烦地教他作文技巧，还有幽默的贺昌炽老师、严格的李友诚老师。当然，对他影响最大的是数学老师崔永宽，崔老师的启发式教学让他一次次地感受到了数学的魅力，在这种潜移默化之中，未来的人生规划在何克清心里逐渐变得清晰起来：数学成为他的第一兴趣爱好和值得终身奋斗的目标。

很快，高中三年过去了。填报高考志愿时，既因为仰慕崔永宽老师毕业于武汉大学数学系，更因为对数学的痴迷，何克清只在第一志愿里填写了“武汉大学数学系”，第二、三志愿却一字未填。有老师和同学提醒他别浪费了两个宝贵的机会，可何克清只是淡淡地笑了笑，一副成竹在胸的样子。

高考结束，何克清平静地回到家里。有一天，他正在田里拔秧草时，一位族伯突然赶来冲着他大喊：“沙牛！我刚从沙洋回来，沙洋中学放榜了，我看见你的名字写在第一个!”喜出望外的何克清顾不上洗净腿上的稀泥，兴奋地一路狂奔到沙洋中学，领回了武汉大学录取通知书。

有心人，天不负。何克清如愿以偿地走进了珞珈山，也有幸成为“文革”前通过高考录取的最后一批中国大学生之一。

回首这一段经历，何克清感慨地说：如果说是人民解放军给我穿上了人生的第一件衣裳，那么，是沙洋中学给我系上了人生的第一粒纽扣。

日立研修，有一款软件叫 KAEXOI

在珞珈山的求学是一段特别的经历。处于动荡的岁月，何克清显现出特有的科学家气质，他除了如饥似渴地研习数学，还坚持不懈地学习英语、日语，并接触到了计算机这一新生事物。直到 1970 年毕业留校任教，他已彻底褪去了青涩，取而代之的是内心的强大，仿佛一个蛰伏的角斗士，积蓄了满格的能量，默默等待着上场的号角响起……

机会终于垂青于他。

1975 年，身为助教的何克清承担了一个科研项目：对武汉钢铁公司从西德引进的冷轧机控制计算机软件进行系统分析。克服了重重困难，何克清圆满地完成了工作，而且他还得到了两个额外的收获：在这个实践过程中，他对计算机软件技术有了更深刻的理解，而且学了德语。

让何克清没料到的是，更大的惊喜接踵而至。

1977 年，拨乱反正的中国迎来了科学的春天，为解决科技人才短缺问题，国家决定选派一批优秀学子赴日本研修。经过严格的笔试和面试选拔，而立之年的何克清凭着长期自学而打下的扎实的日语基础，成为武汉大学计算机系首批幸运者，于 1979 年 12 月作为我国改革开放后派遣的第一批赴日留学生之一进入东京理科大学研修计算机专业。在这里，他遇到了菅野文友教授，洞悉世界计算机产业发展潮流的菅野先生给了何克清一个建议：研修计算机软件工程学。因为，在这位对中国十分友好的日本教授看来，未来十年计算机软件工程必将在中国发展起来。何克清愉快地接受了这一份善意。

菅野先生曾在日立公司担任软件设计部长，还担任着日本五大软件工厂的顾问，他利用自己的人脉关系，带着求学的何克清先后走访考察了日立、富士通、日电等日本计算机行业的龙头企业，所见所闻让何克清眼界大开，他突然冒出了一个连他自己都吓了一大跳的想法。他向菅野先生提出：直接到有“世界第一软件工厂”的日立公司实地工作学习。

何克清（右）1980年在日本留学时与导师菅野先生在一起。

对何克清的这一请求，菅野先生禁不住锁紧了眉头，毕竟日立公司有着严格的技术保密规定，何况何克清是一位来自中国的研修生。但为何克清的求学精神所感动，明知不可为的菅野先生仍决定出手相助，他特地设晚宴郑重其事地宴请了日立公司的老同事老朋友。终于，碍于菅野先生的情面，日立公司软件工厂同意何克清以访问学者的身份进入工厂工作进修，但也提出了一个先决条件：必须经过严格的考试，考试合格方能批准，否则，一切免谈。

于何克清而言，与其说是应考，不如说是应战。

一份写了满满四张纸的试卷摆在了何克清的面前，内容涉及计算机软件硬件，还包括数论群论、拓扑学、运筹学等诸多学科。何克清也不含糊，气定神闲地用日文一一答题。随后，日立公司对答卷给出的评语是：

"很好，可以委派重任。"

何克清得以顺利进入日立公司，甫一到岗，还没来得及喘口气，他就领受了一项工作任务：独立制作"NHK 文件错误诊断系统"。这与其说是一项工作，倒不如说是日立公司软件工厂设计部堂免信义部长对何克清的第二次实力考试，因为，虽然何克清通过了入职考试，但严谨的堂免信义依然对这位年轻的中国人的软件设计专业能力心存疑虑。

事实是最好的回答。何克清二话不说，埋头苦干起来。一个星期后，他提交了用 PASCAL 语言编写的 5000 行程序，顺利通过了计算机运行测试。堂免信义仔细审阅了一遍，脸上旋即露出了信服的笑容：全部正确，一点瑕疵都没有。很快，不仅日本广播电台 NHK 率先采用了这套软件，而且以何克清的姓氏命名的 KAEXOI 软件磁盘投入批量生产，成为日立公司的一个拳头产品。后来，曾有人笑侃何克清教授是中国最早的"程序猿"之一。

为何克清超强的软件设计的业务能力所折服，在接下来的日子，每逢周一，堂免信义必定主动邀请何克清共进中餐，两人在饭桌上探讨着计算机软件工程发展的各种先进方法与技术以及中国的软件工程发展。

在日立工作的一年时间里，何克清在软件工程理论方法和先进技术研究方面，可谓成绩卓著。比如他与二村良彦研究员共同完成了 PAD 软件系统开发方法，这项成果不仅成为国际标准，而且在何克清回国后被国家标准化委员会确定为国家软件行业标准。

一课一书一室，填补三项空白

完成了两年的研修生活，何克清谢绝了日立公司的挽留，于 1982 年 1 月义无反顾地回到祖国，回到了武汉大学。

此时，武汉大学教学改革如火如荼，何克清顺势在武汉大学开设了计算机软件工程学课程，填补了中国高校计算机课程的空白。听课者是武汉大学计算机系的全体学生和青年教师，有趣的是他们当中就有正在武汉大学求学，后来被称为“雷布斯”的小米科技创始人雷军。

当国内还在就软件工程的内涵争论不休时，“武汉大学一个年轻的讲师开了一门计算机软件工程学课程”，这个消息在全国高校不胫而走，前来旁听取经、索取讲义的人络绎不绝。

那段时间，何克清像上足了劲的发条，一章章地撰写讲义，一字字地刻钢板，一张张地誊印装订，然后把散发着墨香的讲义分发到学生手上，在讲台上用带有浓浓高桥乡音的普通话给学生讲解计算机软件工程的奥秘……

何克清的学成回国和作为引起了刘道玉校长的格外关注，他给这位三十出头的年轻人创造了许多机会，鼓励他在各种学术会议上亮相，并明确要求武汉大学出版社重点出版这部讲义。

很快，经过认真修订，何克清独立撰写的专著《计算机软件工程学》于 1982 年 11 月正式出版，这部 20 万字的著述受到广泛好评，先后 3 次印刷，发行近万册。主持国家银河巨型计算机软件系统设计的国防科大陈火旺教授在读完这本专著后，特地给何克清来信，给予了极高的评价：“科技中的大中至道，真是及时雨，是我国自编著的第一本软件工程学专著。”《计算机软件工程学》至今仍是从事计算机软件工程专业学习的必读书籍。

何克清回国时，我国软件工程正处于发展初期。1982 年 8 月，国家科委在北京回龙观召开了一次专家座谈会，这次被后人称为“北京回龙观会议”的小型会议对中国软件工程的发展起到了至关重要的作用。与会专家只有 4 位，他们称得上是“三老一少”，“三老”是德高望重的北京大学杨芙清教授、南京大学徐家福教授、吉林大学金淳兆教授，“一少”就是后起之秀何克清。在时任国家科委副主任赵东宛的主持下，他们共商共和国软件工程发展大计，最后完成了一份给国务院的报告《关于发展中国计算机软件产业的建议书》。从此，我国计算机软件产业发展驶上了快车道。

后来，何克清又作为5人专家小组的成员，应邀参加了国家科委主持的“中国软件工厂总体设计”的工作，为中国软件产业的快速发展贡献了自己的智慧。

1983年3月，一个阳光灿烂的日子，在刘道玉校长的办公室，这位知人善任的教育家给何克清正式下达了一条指令：主持创办武汉大学软件工程研究所并担任所长。那一刻，何克清既激动又有一点为难。他激动的是，创办软件工程研究所是他的提议，这是一项具有开拓性的工作，因为国内尚没有软件工程研究所，他的提议终于得到了学校采纳；他为难的是，自己只是一名讲师，能胜任这份重要工作吗？刘道玉似乎看透了何克清的心理活动，他不由分说地紧握着这位年轻人的手：“不要有顾虑，大胆干，我相信你！”

领命之后，何克清全身心投入筹建工作中。写申请，拟规划，开论证会，组建队伍……终于，经教育部批准的中国第一个计算机软件工程研究所落户珞珈山。从动议到落成，总共只花了不到一年的时间，有人称为“珞珈速度”。

故事到这里并没有结束。当国家科委决定创建软件工程国家重点实验室的消息传来时，何克清马上意识到这是软件工程研究所的一个重大发展契机，他立刻找到刘道玉校长寻求支持。这一段经历，刘道玉校长在他的自传体著作《一个大学校长的自白》中有生动的描述：

我校实行“迎头赶上”的第一个项目，是计算机软件工程的研究。20世纪60年代末，在西方发达国家兴起了新的技术革命，它是以微电子、计算机为主要特征的。也就是说，计算机的大普及，将引发经济领域里的彻底革命；同时，还将改变人们的思维方式、工作方式和生活方式。计算机的推广与普及是以计算机软件开发为前提的，而实现编制软件的自动化，又是发展软件产业的关键。中国是世界上五个数学大国之一，具有发展软件产业的优越条件，应当成为软件产业的大国。

1981 年，我校留日青年教师何克清学成回国，他在向我汇报时，第一个提出要开展软件工程研究，并希望申请国家级重点实验室。当时，在国内不仅还没有研究软件工程的单位，甚至也无人能讲清楚什么是软件工程。由于这个项目既体现了新的技术革命的大方向，又符合我提出的以“高、新、独、巧”为特点的“迎头赶上”战略，因此理所当然地得到我的无保留的支持。

软件工程重点实验室提出后，立即得到教育部和国家计委的支持，并很快地纳入了申请、调研和论证的程序。国家重点实验室是由国家计委直接抓的重大项目，由国家计委投资，是面向国内外开放性的实验室。国家计委预计设置 50 个这样的实验室，此前在某些重点大学和中国科学院的一些研究所，已经启动了一批重点实验室。因此，申请国家软件工程重点实验室，是我校在科研上面临的一次巨大的竞争，也是又一次争取实现零的突破！

1983 年 11 月中旬，我率武汉大学代表团赴法国进行第三次访问，与法国签订第三个教育交流与合作协议。我们于 12 月 5 日回到北京，住在教育部招待所，何克清打听到我回北京的时间，他临时买了一张火车票，没有座位，就自带一个小板凳坐在车厢的连接处，一直到北京。他到北京的目的，是利用我在北京的机会，和他一起去教育部和国家计委汇报软件工程重点实验室的事宜。由于对申请国家重点实验室心切，尽管我刚回到北京，而且时差还没有调整过来，当天晚上我与何克清冒雪乘公汽，来到国家计委严谷良处长位于三里河的家，向他汇报关于软件工程重点实验室的事宜。当严处长得知我是当日从法国回到北京，不顾旅途疲劳，不顾严寒冒雪来与他商讨工作，他颇为感动地说："据我们调查的资料表明，何克清是全国搞软件工程的第一人，即便是对把软件工程重点实验室放在武汉大学不服气的人，他们也不得不承认这一点。因此，软件工程国家重点实验室在国家计委已经立项，已初步决定设在武汉大学，争取今年完成评估、论证工作。同时，你们也可以开始着手配套工程的建设。刘校长今晚的行动本身表明，学校领导对重点实验室的建设是十分重视的，这在全国高校还是不多见的。因此，我们相信：凭借你们在软件工程研究上的优势，加上领导的高度重视，这个重点实验室一定会建设好，为开发我国软件产业作出贡献。"

1984 年底，通过专家论证，国家计委正式批准在武汉大学建立国家软件工程重点实验室，首批拨款 500 万元人民币。这是全国同类学科中唯一的重点实验室，是我校历史上科研项目获得拨款最多的一个项目。更重要的意义还在于，它意味着在计算机软件研究方面，我校软件工程研究所已成为国家队，担负着赶超世界先进水平的任务。

回想起参加国家计委主持的申报国家重点实验室答辩会的过程，何克清至今深有感触。当时参与竞争的有来自全国各地的重点高校和科研单位，接受答辩的都是赫赫有名的老教授，唯独何克清是一个年轻的讲师。当武汉大学获得评审委员会超三分之二的多数票而成为唯一的软件工程国家重点实验室时，何克清既为自己、为武大高兴，也为其他院校老教授们落寞的神色而感到一丝难过，他在心里默默地说："对不起，同行们。我会努力，不让大家失望……"

何克清说到做到。在接下来的十年里，以武汉大学软件工程国家重点实验室为平台，作为国家重点实验室的主任和学科带头人，他主持完成了包括国家"六五""七五"规划科技项目"软件实现工具 WPADT（问题分析图转换）系统与标准"等在内的多项重大项目，成绩斐然。1987 年，他获得了湖北省优秀软件一等奖；1990 年，获得了国家“金牛奖”，成为我国屈指可数的获此殊荣的首批学者之一。

何克清教授在武汉大学办公室工作。

二度回归，创立 ISO 国际标准系列技术

何克清在武汉大学本科学习期间，我国没有实行学位制度，留校后由于忙于科研和教学，他又无暇攻读博士。1991 年，他虽然已晋升了教授职称，但仍然参加了我国教育部与日本学术振兴会联合培养“论文博士”的计划，考上了日本国立北海道大学攻读博士学位。读博期间，何克清每年要花 3 个月的时间到北海道大学合作研究、写论文，并享受日方提供的国立大学教授的工资。

4年后，何克清顺利地获得了工学博士学位。就在他拿到博士学位证书的同时，富士通的一份聘书也送到了他的手上，富士通聘任何克清为软件事业本部的研究员、副参事，并提供一栋小洋楼，承诺把他的妻子和孩子接到东京生活。于是，何克清留了下来，一直做到了富士通软件事业本部副部级理事，这是中国留学生和学者在日本大企业难以企及的事业高度。这期间，他仍保留着武汉大学教授职称。

然而，忙碌的工作之余，何克清却总感到内心有一丝失落。

1998年4月的一天，一位不速之客突然到访，他就是时任湖北省副省长王少阶。原来，王少阶率湖北省科技代表团启程访问日本之前，武汉大学时任党委书记任心廉特地找到他，请他给何克清做工作，动员他回国。

王少阶的到访让何克清心绪难平。他不由得想起了珞珈山的岁月，想起了黄家山的岁月，想起了故里高桥山乡的岁月，还有勤劳耿直的老父亲。他动心了……

经过艰苦的谈判，富士通终于同意放人。2000年4月，何克清放弃在日本的优厚待遇，回到了阔别5年的珞珈山。此时，正值互联网兴起，中国软件工程面临再一次腾飞的关键时刻，何克清不计个人得失，欣然担任了武汉大学软件工程国家重点实验室的常务副主任，再次带领大家在科研教学之路上一路狂奔。

21世纪初，互联网浪潮浸透着方方面面，互连、互通、互操作，沟通成就一切，互动创新价值。何克清注意到复杂业务软件模型之间的知识语义互操作性问题是一个世界级前沿难题，并决定攻克它。经过潜心研究，他提出了具有自主创新意义的本体元建模理论与方法，引起国际关注，这个课题被列入国家“973计划”，何克清率领年轻的团队，进一步发现了互联网涉众需求元描述的四大基本要素——角色（Role）、目标

(Goal)、流程（Process）、服务（Service），发明了RGPS四个元模型及其相互之间语义关联的9类规则，从知识表达的W5H视角，创立了RGPS需求元模型框架技术。

当时，世界上所有使用的软件工程方法、技术标准，几乎都是出自欧美国家。因此，何克清心中怀揣着一个梦想：作为一个泱泱大国的软件科技人员应该为国争光，让中国创新的软件方法与技术成为国际标准，为全世界的软件行业所使用。

梦想终于实现。2002年，何克清率领他的团队创造的“本体元建模理论与方法”与“RGPS元模型框架技术”等全部成功地推向了国际，通过了国际ISO的审查并被采纳，成为语义互操作性治理的国际标准化技术。

受ISO委托，何克清带领10多个年轻人组成的专业团队，以甘坐“冷板凳”的科学家精神，13年磨一剑，成功主导研制了ISO/IEC 19763五个国际标准系列，2015年10月15日由ISO正式颁布执行、全球推广应用，累计销售标准文本超37万册，在世界各国被广泛使用，实现了我国软件原创技术成为ISO标准系列的首次实质性突破。

这项工作之所以持续了13年，是因为ISO有严苛的规定。每一个ISO标准从提案到正式颁布，必须经过5个规定的阶段，每个阶段会产生平均4个修改版本，只有在每个修改版本获得ISO成员国家专家的半数以上赞成票后方可进入下一阶段。于是，近百个版本的修改，近百次ISO的国际评审会议，堪称一次次难度系数极高的闯关游戏，好在他们以极大的韧劲扛过来了！

何克清主导成功研制的ISO国际标准系列，在全球广泛推广应用，这不仅意味着我国掌握了实施“互联网+”战略、打造创新价值服务标准化的金钥匙，也标志着中国人第一次赢得了ISO标准研制的国际话语权、主导权，中国由此成为国际软件技术标准化领域的一支不容轻视的力量。

何克清主导研制并完成了 ISO 国际标准系列之后，受中国信息技术标准化技术委员会的委托，负责研制了国家标准系列 GB/T 32392 的 8 项国家标准。2018 年国家标准化技术委员会正式颁布，全国推广应用。

二度回归珞珈山后，何克清创造了沉甸甸的学术成就。他不仅主导完成了 5 部 ISO 国际标准系列文本、8 个国家标准文本，而且发表的著作、论文在国内外产生了广泛的影响力。例如，2008 年科学出版社出版的专著《本体元建模理论与方法及其应用》《网络式软件》《软件网络》，2018 年科学出版社出版的专集《何克清教授科研成果集》，全部被武汉大学图书馆珞珈文库典藏。又例如，45 万字的专著《本体元建模理论与方法及其应用》由科学出版社出版后，在国际业界引起了轰动，世界银行首席科学家胡本立博士拿着这本书给何克清打了 3 个多小时的越洋电话，当提出的所有问题得到何克清逐一解答后，胡本立激动地评价：何教授彻底解决了让数据说话，让模型说话的问题，为大数据业务提供了科学的、系统的解决方法。

何克清先后发表了 300 多篇具有高影响力的学术论文，其中超过三分之二的论文被 SCI 索引和摘录，两篇论文入选中国知网《学术精要数据库》发布的近 12 年（2011—2022）的高 PCSI 论文、高被引论文、高下载论文。

何克清还应邀担任国际著名期刊 *IEEE TSC*（*TRANSACTIONS ON SERVICES COMPUTING*）的客座编辑，2018 年主持编辑出版了《当大数据遇上云计算》专集，发表了著名的 *Cloud Services Meet Big Data* 引导性论文，开创了云计算与大数据融合发展的新阶段。

退而不休，老骥伏枥在路上

作为一位享受国务院政府特殊津贴的国家级专家和资深教授、博士生导师，何克清教授热心提携后辈，无私地投入对年轻人才的教育之中，培养了软件工程博士35人、博士后4人，其中包括沙洋高桥籍的博士4人、博士后1人。他们当中的许多人已成为名企负责人、知名大学的教授、副教授，成为科学研究的学术带头人和骨干力量。

何克清长达半个多世纪的学术生命是与计算机软件工程科技紧密相连的，堪称成就卓越。

他先后主持研究完成了国家“973计划”项目课题3项、国家自然科学基金项目5项、国际标准研制项目5项、中法政府合作项目1项、国家“863计划”项目3项、国家“六五”“七五”科技攻关项目2项、“十一五”“十二五”科技支撑计划项目、国防预研项目、国家标准研制8项、省部级项目5项、企业项目3项。面向国家重大需求，他领导“产学研用”团队开发的企业云管理智能化软件服务平台，实现了规模产业化应用，效益显著，为推动我国“智能企业”等的发展作出了突出贡献。

何克清教授以第一完成人，两次获ISO/IEC“特别贡献”国际奖，国家“金牛奖”，国家科技进步奖二等奖，省部级、中国发明协会及中国计算机学会科技一等奖7项等共22项奖励；拥有知识产权40项。2019年获中共中央、国务院、中央军委“庆祝中华人民共和国成立70周年”纪念章，2022年获中国计算机学会服务计算“终身学术贡献奖”，2022年武汉“最美科技工作者”称号等。

虽然成果累累，荣誉等身，虽然早已过了退休年龄，但这位77岁的科学家仍然退而不休，一如既往地奋战在科研和教育第一线。正如他在沙

2010 年 1 月 13 日，何克清在北京人民大会堂领取国家科技进步奖二等奖。

洋中学讲坛上寄语后辈学子时所讲的那样：“志存高远，贵在坚持，重在把握。”如今，何克清又领受了新的科研任务，为履行中国知识分子特有的国家使命、历史使命而默默地再出发了……

“世界上先进的高精尖技术是等不来、要不到的，只能靠我们自己去创造。”

——吕启涛

吕启涛：微激光领域里的追光者

汪辅文

当人们触摸手机超薄耐磨的屏幕、倾听清晰悦耳的音质、开启智能快充的时候，总有一束光如影随形，这种神秘又神奇的光叫微激光，就是它成就了令人们爱不释手的手机。

大族激光科技产业集团股份有限公司董事、副总经理、首席技术官吕启涛博士，就是微激光领域的顶级专家。

贫病多坎，不坠追光之志

沙洋县马良山向西，有一条蜿蜒的官马路，它像一条扁担，挑着两个大水桶，北边是贺吕湖，南边是黄荡湖。其间农田、荷塘星罗棋布，属典型的鱼米之乡。可20世纪六七十年代，这里的发展处于徘徊状态，相当一部分农户在温饱线上挣扎。1963年出生的吕启涛正好遇上了这个“坎”。家有姊妹6人，父亲在外工作，母亲在家种田，劳力少，家大口阔，年年都是队里的“超支户”。

八岁那年，吕启涛到吕集小学上学，不久就病了，打针吃药几个回合不见好转，有好心人提醒他父亲：到大医院检查一下。

高坡农场医院的诊断结果把吕启涛的父亲吓了一跳，原来当地卫生所误将肾炎当肝炎治疗，差点要了他性命。这样，吕启涛不得不面临人生的第二个“坎”：休学治病。

1974 年春，教育部门对上学迟、年龄偏大的学生以学习成绩优劣进行“调级”？按正常学龄算，吕启涛应该读五年级，但他只读了两年半，能否“调级”，科任老师最有发言权。数学老师吕义顶考他：1/2＋1/3＝?，吕启涛脱口而出：“5/6”；体育老师根据球赛分组考他“2^5＝?”，他秒答：“32!”两位老师异口同声地称赞他：“天才!”吕启涛便从三年级直接调到了五年级就读。

初中阶段实行“开门办学”，有一次，全校师生去吕集五队支援割稻谷，出发前校长作了动员，强调要对割谷又快又多又好的学生给予通报表扬。下田后，同学们争先恐后地割起来，只有吕启涛落在后面。临近中午时，吕启涛心想，自己右手无力，左手又不灵活，反正割不赢别人，不如三十六计——走为上策。时至今日，吕启涛依然清晰记得这一幕：校长对他中途偷跑大为恼火，让他在全校大会上作检讨，并称他是“逃跑主义”，同学们也嘲笑他。通过这件事，吕启涛体会到了面朝黄土背朝天的艰辛和技不如人的尴尬。

1977 年恢复高考，这给农村孩子点亮了“跳农门”的希望。吕启涛走进了烟垢中学，开学两个月后学校搞了一次摸底考试，吕启涛除了语文成绩好一点，其他几门课都很差，综合排名在全班末尾。吕启涛反思后找到了症结：差在基础，缺在方法。

有一次，他看见一个同学在看读课外书籍《因式分解》，出于好奇，他磨了不少嘴皮子终于得以借阅，他发现因式分解的四种解法非常有用，能够帮助简化复杂的数学表达式，提高解题效率。

仿佛一束光激活了脑细胞，他一下子开窍了。很快，他的数学成绩突飞猛进，又带动了物理、化学成绩的提高。到了高二上学期，吕启涛已成了全校理科学霸。后来，吕启涛先后参加了荆门县、荆州地区高中数学竞赛，成绩都位列前五名，被荆州地区选送参加湖北省高中数学竞赛。遗憾的是，在参赛的前一个星期，吕启涛突患神经衰弱症，整夜睡不着觉，影响了临场发挥。但老师们纷纷安慰鼓励他，让他卸下了思想包袱，迎接高考。

1979 年 8 月的一天，电闪雷鸣，大雨滂沱，吕启涛的父亲徒步 20 余里，从烟垢镇赶回吕集四队，临到家门，他在雨幕中不停地大声喊道："通知书来啦，华中工学院！"听到熟悉的声音，全家人都放下碗筷，跑进雨中相迎。虽然饭桌上仅有一盘南瓜蒸菜，但却是热气腾腾，捧着华中工学院（现华中科技大学）激光专业录取通知书，吕启涛不禁热泪盈眶。许多年以后，尽管吕启涛功名显赫，但他仍说："那天，是我人生中最温暖、最感动、最高光的时刻。"

勤奋刻苦，练就追光之功

在华中工学院葱茏的树荫下、碧茵边，吕启涛坚持用晨读开启新的一天。激光专业需要大量阅览英文，吕启涛就把背诵英文单词作为重点，天天晨记，从不浪费时间。

高中阶段遗留的神经衰弱症一直困扰着吕启涛，从大一到大二，每当病情发作时，他头昏脑涨，彻夜难眠，一米八的个子，体重却只有百把斤。老师心疼地劝他休学，他坚定地说："我绝不能休学，一休学就废了，我要锻炼身体！"

这时，家里人也给予了他足够的关心。虽然无钱买补品，但他的母亲坚持熬猪油，一罐罐一次次地送来学校。吕启涛就把猪油放在碗底，盛上热饭一搅拌，呼呼啦啦地一扫而光。此外，跑步、打篮球成了他课余的主要活动。到了大二下学期，奇迹出现了：烦人的神经衰弱症烟消云散！

大三上学期，华中工学院举办了一次英语竞赛，吕启涛排名第五，获得一等奖。作为一名理科生，他的英语水平以“激光的速度”超过了英语专业的学生，这背后是汗水与坚忍。接过获奖证书和奖品《英汉大字典》，吕启涛心里萌生了一个更大的想法：考研！

1984 年，春节喜庆的鞭炮气息还未退去，急不可待的父亲带着全家人的牵挂，背着年货来到华中工学院，看望留在学校备考复习的吕启涛。家乡的腊鸡、腊肉、腊鱼、咸蛋的香味，像激光一样穿透了一个又一个寝室，一同参加研究生备考复习的同学们顿时一下子炸了锅，大家共同享受了一顿饕餮大餐。从此，沙洋风干鸡在吕启涛的同学中名声大噪。

德国当时是世界上激光研发与应用第一流水准的国家，也是每个激光专业大学生理想的留学目的地。当年，教育部分给华中工学院到德国留学的名额只有一个，最终，吕启涛凭着考研第一名的优异成绩拔得头筹。

德国的学制没有硕士学位，大学生读物理系，一般都要学六至七年，第一阶段进行基础学习，淘汰 50%学生，剩下的学生能毕业的也不到 50%，考试实行“相对分”。由于吕启涛学习能力特强，每次考试都是满分，德国学生对他既崇拜又忌惮，每次考试前都要探探口风，打听吕启涛什么时候参加考试，以避免与他同场考试。管教学的系主任也常常称赞吕启涛：好多年都没看到这么优秀的学生了。

1992 年至 1994 年出现世界性的经济危机，那时德国等西方国家的大学生甚至博士生都出现就业难问题，许多激光专业博士生有的转入计算机专业，有的甚至选择开餐馆，德国坊间流传着一句戏谑语：“物理毕业的博士给有工作的人‘来一份炸薯条’。”但吕启涛坚持读完博士，又完成了博士后研究，他选择到慕尼黑罗芬激光公司应聘。这家公司是当时世界上最大的工业激光上市公司，对员工有着极为严苛的标准，从 350 份应聘简历中挑选 5 人进行面试，最终只录用 1 人作为研发人员。吕启涛成为获得面试资格的幸运儿，在面试环节，吕启涛以扎实的功底、独特的思维、出色的研发能力征服了面试官，被当场录用。

1998 年，吕启涛在德国慕尼黑罗芬激光公司工作。

进入罗芬公司后不久，吕启涛被升为激光产品开发部经理，全面负责光、机、电、软于一体的激光设备研发，研发的主要产品 50w 和 100w 的半导体侧面泵浦打标机、端面泵浦打标机，每年创造上亿美元的销售额，被德国《南德日报》专题报道，着重介绍了吕启涛及其研发团队的相关事迹。这也引起了慕尼黑另一家专注于近视眼治疗激光器的公司的关注，一支橄榄枝悄然向他抛了过来。

2001 年 10 月，经过反复权衡，吕启涛同意和这家 IpG 公司联合成立一家新的激光公司，他自己主管技术。但是，受美国“9·11”事件的影响，欧美科技产业泡沫显现，公司在艰难中发展，到2005年被美国一家大公司收购。

人生面临又一次选择，路在何方？吕启涛把目光瞄向了遥远而熟悉的东方……

家国情怀，谱写追光之经

2008年金秋时节，在改革开放总设计师“划圈”的地方，一架从德国慕尼黑起飞的客机徐徐降落在深圳宝安国际机场，吕启涛的身影出现在舷梯。看到深圳翻天覆地的变化，想起出国前后24年的峥嵘沧桑，他不禁百感交集，思绪万千。

2017年6月，在德国慕尼黑世界光电子展上吕启涛与恩师、“德国激光之父”韦伯教授重逢。

他想起了他的导师韦伯，一位富有正义感、对中国特别友好，被誉为“德国激光之父”的美国裔教授，曾20多次来中国讲学和旅游，他引领吕启涛走进激光世界的前沿，完成了博士、博士后的学业。在他的鼓励下，吕启涛在国际刊物上发表50多篇学术论文，申报了6项德国国家专利。吕启涛发明的固体激光热致双折射补偿技术，成功解决了固体激光器这一重大技术难题，为发展高效率、高质量固体激光器奠定了重要基础。

他想起了父母和姊妹。留学10年不能相见，只能通过鸿雁传书，留给至亲们的是期盼、焦虑、煎熬、又期待的循环往复般的隐痛。他愧疚又感激老屋掩着的大门、夜晚的灯光、田垄的麦稻和堰塘的荷花，正是这些给了他“深呼吸”，他才能面向激光，春暖花开。

他想起了烟垢中学。出国读研前，他的几位高中老师送给他一个大大的空箱子，希冀与祝愿不言而喻。他深知国家公派留学不容易，唯有不负韶华，不负国家和老师们的厚望，于是他只争朝夕，一心扎在教室、实验室和图书馆里，刻苦钻研。为了以后回国服务教学与科研，他自费复印了几大箱有价值的资料寄回国内。他知行合一，实现了把空箱填满、大脑填满、学业填满、科技填满的宏愿，成为激光领域的顶尖科学家。

一辆商务车载着吕启启涛向深圳市南山区深南大道9988号驶去，这里是中国工业激光设备制造开拓者——大族激光科技产业集团股份有限公司的所在地。

吕启涛受聘大族激光，负责激光技术设计。当时公司的研发队伍整体水平不高，特别是智能制造装备及其关键器件的研发还是空白。为了扭转这种局面，他一方面通过集中培训、分析交流与个别辅导相结合，引导研发人员搞设计；另一方面他亲自从事设计工作，进行示范指导。

在吕启涛的带领下，大族激光的研发工作“乘风破浪”。如今该公司拥有知识产权8811件，研发生产基地超过100万 m^2，成为全球领先的智能制造装备解决方案服务商，比如苹果手机使用大族激光设备的份额占到了全部设备的80%左右，远超其他公司的技术设备份额。

令吕启涛最为自豪的，不是个人取得的研发成果和学术地位，而是大族激光从激光材料到核心技术都已全面掌握，不存在被国外“卡脖子”的问题。

不断创新，成就追光之梦

著名科幻作家阿西莫夫曾说过：“创新是科学房屋的生命力。”吕启涛从多年的激光研发中认识到，要想真正做出有影响力的品牌，在国际上有竞争力，必须注重创新。正是靠创新支撑，吕启涛带领大族激光研发团队，开发了一系列先进激光光源及高端激光加工设备，使其成为全球激光行业拥有重要话语权的产品。

这些成果主要包括：

——自主研发的DracoTM系列红外、绿光、紫外、超快激光器填补了国内空白，达到国际领先水平。尤其是紫外系列激光光源，使得大族激光成为唯一一家能提供整套紫外激光微加工解决方案的公司。该系列产品荣获“2013年中国光学优秀产品”奖、2017年深圳市科学技术奖一等奖。

——25w高功率紫外激光器是国内仅有、国际前三的世界级领先产品，荣获2016年中国最佳激光器技术创新奖。

——专为欧美市场研发的BL3000系列激光设备，畅销欧洲，荣获第三届工业设计“红帆奖”。

——以DracoTM系列激光器为核心，开发了五十多款高端激光加工装备，广泛用于智能手机、PCB制程、汽车电子、半导体元器件的加工。其中，“多轴、高精度紫外激光PVD微加工系统”，在2017年入围被誉为光电子行业奥斯卡的国际光学工程学会“棱镜奖”。

——自主研发的全系列光纤及固体超快激光器，攻克了单频锁模、光纤放大、非线性效应抑制、固体主放大等重大技术难题，实现皮秒输出功率达到 50w、飞秒输出功率超过 20w，替代同类进口产品，打破了欧美公司的技术垄断。

——主导研发激光 3D 打印装备并实现产业化，成功应用于珠宝、牙科及金属零部件制造等领域，为国家节省了大量外汇。

2019 年 1 月 30 日，吕启涛以获奖者的身份出席全国第三届杰出工程师颁奖晚会。

吕启涛因为在激光领域作出杰出的贡献，被中华国际科学交流基金会授予“杰出工程师”称号，2019 年 1 月 30 日，吕启涛出席了在北京人民大会堂举行的全国第三届杰出工程师颁奖晚会。颁奖词写道：“你们是中国 5000 万工程师队伍中的佼佼者，是推动技术进步和科技创新的中流砥柱，是中国企业走向世界的脊梁，肩负着‘建设美丽中国，建设美丽世界’的伟大历史使命。”

每当谈起自己的追光之旅，谈起回国创业的经历，吕启涛总是微笑地说“我运气挺好的”“我从不后悔回国加入大族激光的选择。因为，世界上先进的高精尖技术是等不来、要不到的，只能靠我们自己去创造”。他的自信与坚定，折射出一位科学家报效祖国的情感底色、技术底气和创新底蕴。

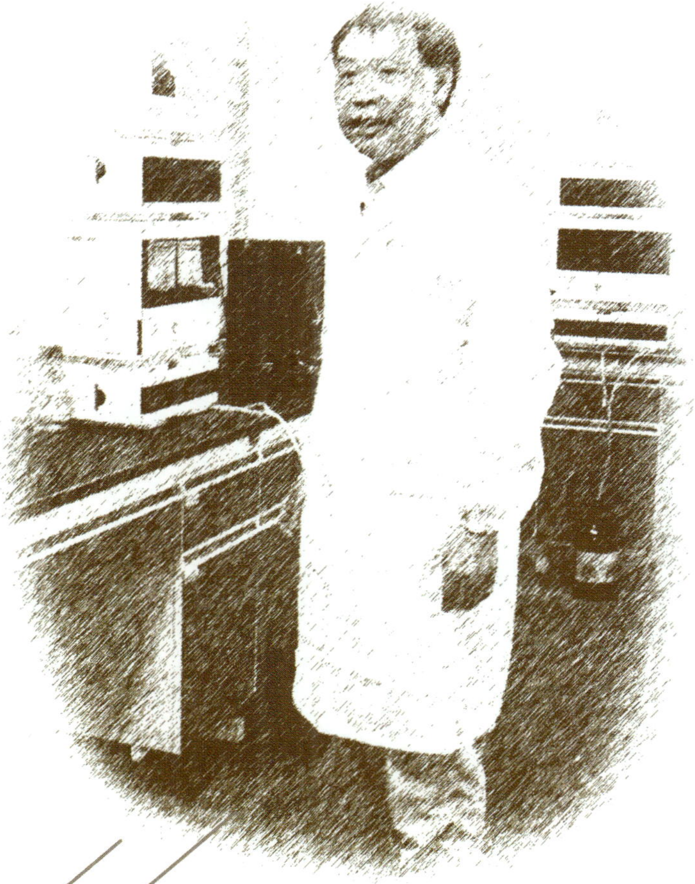

“只有热爱科研，才有动力去做研究；只有热爱生活，才有活力去创造。”

——邹应全

邹应全：人生因化学而精彩

王琼

高考屡败屡战的他，自嘲只比俞敏洪多参加了一次高考；致力于感光材料研发的他，获得了省级科技进步奖一等奖；喜欢吃腊鸡子的他，创办了一个生产风干鸡的现代化工厂；身为化学教授的他，对生活的理解显得色彩斑斓。

邹应全，北京师范大学化学学院教授，他的世界因化学而变得丰富多彩。

少年求学，愈挫弥坚

1963 年，邹应全出生于荆门子陵区牌楼公社长岗大队。那时，农村缺衣少食，缺医少药，养活个孩子并不容易，但男孩是未来的主要劳动力，还承载着延续家族香火的重任，因此，邹应全的到来让一脸菜色的父母颇为高兴。然而，营养不良导致邹应全经常生病，上学时精力不济，课堂上常常听着听着就迷迷糊糊睡着了。好在他天生聪明，从小学到初中，每年成绩单上都有几科是满分。但他的体质太差，无力承担体力劳动，父母暗暗担心他将来能否养活自己。

1977 年，荆门师范毕业的陶大生老师来到长岗村教书，他组织了一次摸底考试，邹应全位居榜首，总分比第二名高出一大截。陶老师鼓励他好好学习，将来去北京读大学。邹应全把陶老师的话记在了心里。

1980年，邹应全作为子陵中学应届生第一次参加高考。他化学考了90分，据说当年考过90分的，全县只有三个人，但他的数学竟然不及格，最终被监利师范学校录取。

那时，国家对中专和大学毕业生包分配，考上监利师范意味着成了“公家人”，把泥饭碗换成了铁饭碗。但邹应全志不在此，心心念念要去北京读大学。于是，他走进龙泉中学复读。在这里，他数学成绩迅速得到提升，化学成绩尤其突出的他被选为化学科代表。

但是，英语成绩成为邹应全新的“跛脚”，第二次高考，他被荆门师范学校录取了。看到很多一起复读的同学考上了大学，他选择再次复读。这一次，他去了为他免去学杂费的荆门市一中。

可造化弄人，那段时间，邹应全的父亲摔伤住院，二姐患黄疸肝炎，哥哥也因工作中的问题失去自由。更糟糕的是，他自己也患了黄疸肝炎，他不敢告诉母亲，怕她承受不起打击，选择独自默默承受。

黄疸肝炎具有传染性，不能住集体宿舍，为了让邹应全继续学习，班主任叶世荫老师给他安排了一个单间做宿舍。肝炎患者需要糖和鸡蛋来补充营养，这些东西当时凭票供应，谁家都没有富余的，英语老师王珏却在家里把卧鸡蛋做好后用保温杯带给邹应全。

有一次，邹应全一个人去医院打针，回学校时竟晕倒在地，路过的好心人把他抬到阴凉处，苏醒后他再慢慢走回去。

这一年是邹应全人生最艰难的一年，也是他心智成长的一年，向他伸出的每一双援手都给予他温暖和力量，也往他心里注入了善良与友爱。

几个月后，浑身乏力畏寒的邹应全挣扎着第三次走进高考考场。毫无悬念，他落榜了，这一次他连中专都没考上。

然而，不服输的邹应全偏要逆天改命，1982 年秋天，邹应全走进沙洋中学，准备四战高考。偌大的校园里有一片空旷的草坪，野草浓绿茂密，邹应全有时累了就四仰八叉躺在草地上，看天上闪闪烁烁的星星。终于，他收到了北京师范大学化学系的录取通知书。

多年后，邹应全时常以自己的复读经历告诫学子：唯有坚持方能成功。有人提醒他："你堂堂一个大教授，怎么到处讲自己复读了三次？"言外之意，这是一段不堪示人的"黑历史"。邹应全呵呵一笑："这有什么丢人的？我不过比新东方的俞敏洪多考了一年而已嘛！"

青年立志，出类拔萃

走进北师大，邹应全担任了班上的生活委员，每月给同学们发饭菜票和助学金，那是同学们最开心的时刻，也是他最辛苦的时候，他先去伙食处领回饭菜票，再组织小组长帮忙清点，最后按标准发给每一位同学。偶尔发错了，出现缺口，邹应全只好用自己的饭菜票填上。

邹应全赢得了同学们的信任，通过竞选他成为化学系学生会主席。

邹应全展露出卓越的管理才能和真诚的服务精神。为给学生会多多赚取活动经费，他开辟了好几个赚钱门道。他找学校招待所租借卧具，利用假期空闲的学生宿舍开办临时旅馆，接待外地学校的学生来访；他联系宣武门外的义利面包厂，将他们挤压变形的次品面包以低廉的价格批发回来，再用比正常售价略低的价格卖给同学，从中赚取差价。

相比学霸同学，邹应全的强项在于化学应用。大三时，河北沧州一家生产电焊锡丝的乡镇企业因产品质量不过关，被北京的一家电子厂拒之门外。邹应全受托查找原因，他通过查阅文献资料，了解到焊锡丝中间的松香芯有纯松香和氯化松香之别，沧州这家企业生产的纯松香芯焊锡丝外观和气味与日本进口的焊锡丝一样，但表面光滑度和焊接均匀性却相差甚远，邹应全建议他们改用氯化松香。

一周后，沧州企业的两位老板特意找到邹应全请他下馆子，原来，改进后的焊锡丝成功打进了电子厂。年底，这家企业又给邹应全送来一大笔酬劳，邹应全将其中一半上交给了学生会。这是他第一次尝到知识就是财富的甜头，也坚定了他用化学知识服务企业，帮助人们解决生活中的实际问题的信心。

大三时，邹应全到北京市重点学校景山学校参加教育实习。时任校长崔孟明是国内知名教育家，也是北师大化学系校友，邹应全记住了他的一句人生格言："做老师要做最好的，做校长也要做最好的。"一个月紧张而愉快的实习，让邹应全彻底爱上了教育和教学，明确了将来的职业方向。

毕业时，邹应全被留在北师大应用化学研究所无机材料研究室工作。

留校后的第一年，邹应全到北京昌平阳坊中学支教。他一边上课，一边为周边工厂做技术服务。他给阳坊中学的一家校办工厂做技术指导，帮一家做玻璃马赛克的厂家找到提高产品质量的方法，他指导皮革鞣制作坊用新型鞣剂代替有毒的铬盐……这一年，邹应全忙并快乐着。

1991 年，邹应全考上了余尚先教授的研究生，余教授是我国感光材料领域的大家。名师出高徒，为了获得某个数据，邹应全常常在实验室通宵达旦，偶尔吃饭时灵光一现，也匆匆赶回实验室。孜孜不倦的钻研让他在三十多岁就取得了很多科研成果，成为感光材料与光聚合基础及应用领域、非银盐感光材料研究领域的专家。

青衿入世，躬行践履

2003 年，邹应全已步入不惑之年。有一天，导师语重心长地对他说：

“我已经七十多岁了，你不能再靠我养着了，你要自立门户，出去独立单干了。”邹应全笑嘻嘻地说：“老师，我老大不小的，也不想再靠您养着了，而且还想养您呢！您一直没发话，我只好一直跟着您干吗！”

2004年，江苏泰兴实业公司的徐总找到邹应全寻求合作。泰兴实业是专业做印刷感光胶的企业，当时面临很激烈的市场竞争，产品技术升级迫在眉睫。实地考察之后，邹应全心里有了底。他从原材料把关到配方技术更新，再到技术员培养，一套“组合拳”下来，泰兴实业的产品质量和技术服务大大增强。合作第三年，泰兴实业一跃成为全国印刷感光胶行业的老大。

2004年，邹应全与容大感光材料有限公司合作研发集成电路和显示用光刻胶，如今容大感光是国内上市企业光刻胶制造的龙头企业。

在与众多企业的合作中，最有价值的当属邹应全与何长华等人成立的湖北固润科技股份有限公司。

何长华是与邹应全一起吃咸菜长大的发小，子陵高中的同学，也是昱奎化工的创始人。得知何长华准备开发新产品，邹应全建议他向科技含量高、门槛高的光固化行业发展，“我的专业领域有些产品你可以做，而且能扩展到全世界市场”。此时的邹应全是北京师范大学功能高分子材料领域的教授、博导，处在国际光引发剂技术研发的前沿。

经过考察，何长华与邹应全签订了光引发剂FMT项目研发合作协议，并在北师大化学学院建立了校企联合实验室。光引发剂是促使感光材料发生光化学反应的关键材料，广泛应用于涂料、油墨、黏合剂领域。光引发剂FMT是一种橘黄色的粉末状物体，其敏感度高，具备非常好的性能，邹应全从原材料到生产工艺都对它进行了创新。2008年8月，高性能光引发剂FMT研发成功，一举打破了这个产品长期被国外技术垄断的局面，最终以价廉物美的产品令国外企业在竞争中黯然退出市场。

苯基磷化物是生产另一类光引发剂“苯基膦酰氧”的重要原材料，一次，邹应全在考察原材料供应生产基地时发现，这些企业规模小且分散在农村，产生的固体废料和废水很难降解，对环境造成极大污染。身为固润科技首席科学家的邹应全坐不住了：“这种以牺牲环境为代价的生产不可持续，我们必须找到一条环保的原材料生产之路。即便困难重重，也要去做。”为此，固润科技决定自行研发生产没有污染的原材料。虽然这是一条冒险之路，意味着不可预知的投入，但邹应全认为，必要的冒险是为了规避未来必然的风险。如果国家出台相应的环保政策，这些原材料供应小厂都将关停，固润科技的生产也将被迫停摆。

2018 年，完全没有污染的苯基磷化物工业化生产技术被邹应全带领的团队研发出来，正如邹应全当初所料，国家加大环保整治力度，关停了很多不环保的化工企业，当年苯基磷化物就取得了很好的经济效益。2020 年固润科技因此获得湖北省科技奖进步奖一等奖，这是湖北省民营企业第一次获此殊荣。如今固润科技拥有全世界第一条苯基磷化物环保生产线，技术国际领先，年产量超一万多吨。

40 年来，邹应全凭着执着、坚忍，培养了 40 多个研究生，实实在在地将科研成果转换成了服务于社会的产品，得到行业内学者和企业家们的一致肯定。为此，他也收获了许多荣誉：全国数码影像材料与数字印刷材料标准化技术委员会先进工作者、中国科协全国优秀科技工作者、国务院政府特殊津贴……

重返家乡，光大美食

风干鸡又名腊鸡子，是荆门市传统的地方特色美食，有一千多年历史，尤以沙洋县十里铺镇出产的风干鸡为最，在省内外小有名气。

2014 年 12 月，邹应全获得“全国优秀科技工作者”荣誉称号。

风干鸡在风干的过程中有很多微生物参与发酵，产生特殊的风味。十里铺镇的冬天温度和湿度都适合制作风干鸡，只是遍布全镇的几十家中小型风干鸡企业基本是传统的作坊式生产，难以做大做强。传统手工制作不仅劳动强度大，而且品控难度大，即便同一家企业生产出来的不同批次的风干鸡在口味上都会有所差别。为此，沙洋县委、县政府十分期待能有一家头部企业入驻，以先进的技术和管理形成品牌效应，推动品类产销。

沙洋，被邹应全视为故土福地，每次提及沙洋，他都有说不完道不尽的亲切感，因为，他是从沙洋走出去的，何况他从小就爱吃腊鸡子。

以前，邹应全以为腊鸡子只有在腊月蒸熟后切成块装盘吃。有一次他在餐馆吃到风干鸡火锅，感觉肉质劲道，比新鲜鸡火锅更有嚼头，更具回味。

把风干鸡做成火锅的吃法令邹应全耳目一新，感觉风干鸡市场大有作为。于是，他决定出资与一家电气自动化工厂共同研发一套全自动风干鸡生产设备，模拟自然状态对鸡子进行风干，还原自然的腊味。这样，只能在冬天生产的风干鸡就可以随时生产并供人们享用。

邹应全在十里铺投资成立了拾里美芝食品股份有限公司，计划一期建成一座年产六百万只风干鸡的自动化工厂，将风干鸡做成规模化、标准化和现代化的食品，推向全国。

风干鸡的制作流程主要分为剖开、清洗、腌制、低温发酵、风干、真空包装、高温灭菌、包装和装箱等环节，其中四个体力比较重的环节全部交由智能机器人完成。风干鸡的主要下脚料为鸡内脏和鸡油，都是有用的蛋白质和脂肪资源，被回收装置收集后提供给定向企业，腌制过程中产生的含盐废水和有机废水流向专门的污水处理车间，处理合格后，再排放到十里铺镇污水站统一处理。

邹应全的风干鸡工厂俨然成为十里铺镇的新地标，他的肩头也多了一份责任，他说："作为一位科学家，要把食品安全和生产环保永远放在第一位，只有经济效益和环境保护并行，才是真正造福地方的良心企业"。

严谨风趣，美好生活

"学风严谨，性格随和，为人大度，常有独见。"提起邹应全，熟悉他的朋友们赞不绝口，他的研究生们更是好评如潮："邹老师是一位既和蔼又严格的导师，他不怕我们做错了方向，最怕我们不做。""他不怎么关心实验细节，却关心实验方法和实验次数与重复性，这对科研取得进展和经得起考验的成果非常重要。"

"研究生研究生，好好做研究才是好学生。"这是邹应全对自己的学生说得最多的话。学生们还常被他请吃饭，他说："吃饭既可以交流工作，又可以聊生活和理想，还能让年轻的学生们解解馋。”

邹应全教授（左三）指导科研人员分析实验数据。

做应用与纯科研的区别很大，邹应全特别支持学生参加学术会议和行业会议，他的学生绝大多数有过与企业对接的经历，毕业后更多人是去企业做研发，属于应用型人才。

有一次，邹应全以“兴趣成就专业”为题给北师大化学系新生讲座。他穿着一件白领水红色 T 袖衫，板寸头修理得根根分明，看起来清爽且富有活力。他告诉学生们，化学理论和实践学习不仅能锻炼思维和动手能力，还能帮助形成正确的世界观，促进全面发展。他用汽车喷漆、建筑涂料等例子说明化学学科是渗透面最广的学科，为学生们展示了化学学科美好的发展前景。他还特地指向自己：“我今天得到的一切，都是用化学‘化’来的。感谢化学，它不仅为我的生活提供方向和动力，而且让我充满快乐与欢欣。”他告诫学生们：“只有热爱科研，才有动力去做研究；只有热爱生活，才有活力去创造。”邹应全朴实亲切的演讲赢得了学生们的阵阵掌声。

繁忙的工作之余，邹应全还化身科普达人，及时破除谣言和恐慌。针对化学实验室让人中毒，甚至有爆炸危险的传闻，他以化学家的身份给予澄清，告诉大家，实验的风险是可控的，出现问题都是不按规范要求操作和违反科学导致的。当然，完全没有风险也是不可能的，但不能因为小概率事件就因噎废食。在邹应全看来，向民众普及化学知识，能让大家知道如何避免危险，整个社会也会更安全。

曾有人好奇地问邹应全："除了吃饭睡觉，您大概一天到晚都在搞研究吧？"邹应全闻言哈哈大笑："工作是我生活的重要组成部分，但它绝不是我生活的全部。"

"不要因为长期埋头科学，而失去对生活、对美、对诗意的感受能力。"邹应全虽说没什么才艺，在运动上也没啥天赋，但他摸索出了一套适合自己的锻炼方式，每天再忙都会步行，有时做做俯卧撑或不太标准的健身操，每周至少游一次泳，一次一千多米。

邹应全有句口头禅："不爱做饭的化学人不会是一个好的化学家。"只要在家，他就自己买菜做饭。包子、饺子和油条信手拈来，烤面包、比萨饼、芝麻烧饼等中西式糕点也不在话下，他还会做松鼠鳜鱼、煎牛排、煎鳕鱼等几十道中西式菜肴。

"明年我就退休了，不过，退不退休我都会坚持工作。我会一直工作到90岁。"他边说边笑，身体松弛地靠向椅背，"如果能活那么久的话……"

“印刷术是中国古代四大发明之一，能为擦亮这块金字招牌出一分力，是我的责任和荣幸。”

——王　强

王强：测天绘地印天地

范洪涛

在全国乃至世界印刷界，王强的确算得上是一位响当当的人物。在学界，他是资深教授；在业界，他是知名专家，也是十分活跃的社会活动家。

误打误撞，他走进高端大气的测绘天地

王强是土生土长的沙洋人，他出生于1964年，在位于工农二巷的三间平房里长大，有父母的关爱，两个姐姐的呵护，还有一个跟屁虫一般可爱的弟弟，生活虽然清苦了些，却也波澜不惊。不过，小时候给他留下最深的印象是，身体羸弱的他隔三岔五地上医院，频繁得连医生都认得他了。

若干年后，回想起童年少年时光，王强对家乡有着别样的认知。在他看来，一个古老的汉江渡口造就了沙洋的码头文化，南来北往的过客，让沙洋总能接触新的气息，而沙洋农场、五七干校以及江汉油田的先后建立，又打破了沙洋的固有文化，让本身就具有的开放气质变得更加生机勃勃。也正是在这样一种文化背景下，生活的“化学反应”造就了他内敛、坚忍却又“不安分”的性格。

小时候，父母并没有给他和他的姐弟们什么特别的人生指点，不过是轻描淡写地要求他们读书。在父母看来，越是困难的时候越要看到光明，要相信十年二十年后的世界是不一样的，而能够改变命运的最有效的途径就是读书。

王强是个听话的孩子，他听进去了父母的话，所以读书很用功，成绩也一直名列前茅。在沙洋第二学校读初中时，他竟能先帮化学老师解题，然后老师再拿着他的解题去给同学们讲课。

1978 年，他以优异成绩考入沙洋中学。高中两年，他一直担任学习委员，尽显学霸气质。

两年后，他考取了武汉测绘学院（1985 年更名为武汉测绘科技大学，2000 年并入武汉大学）。

说来有趣，他能走进武汉测绘学院，纯粹是误打误撞。

1980 年高考前填报志愿，有一天傍晚，在十分民主的家庭氛围中，全家人边吃饭边议论，仿佛开家庭会议一样。

母亲先划定了一个区域：务必一天内能从家赶到。因为王强身体不好，万一生病了，离得近父母能够及时赶到学校照顾他。于是，就学地点就锁定了武汉，北京、上海、广州、南京等湖北省外城市均不在备选之列。

姐姐说："湖北人口多，要找一个将来好找工作的专业，减少就业的竞争压力。"于是，常见的专业被排除了。

王强自己说："我不学医。"他给出的理由是学医要比学其他专业多读一年，关键是他从小经常上医院看病，每次晚上去医院，值班医生十有八九都捧着一本厚厚的书在读，这个样子把他吓住了。他无法想象若干年后自己每天捧着一本大部头生活的情景。后来，得知他的化学高考成绩是 93 分，老师很惋惜地说："可惜了这么高的分数，没有去学医。"王强也只是嘿嘿一笑。

父亲转述了一条信息，有朋友告诉他，武汉测绘学院有个制图专业不错，而且在全国高校中并不多见。

全家人眼睛一亮：这个可以。王强自己也觉得挺好。

于是，王强把武汉测绘学院地图制图系填在了第一志愿。

没想到，当如愿以偿地走进武汉测绘学院之后，王强大吃一惊：他居然稀里糊涂地摸到了一副好牌！武汉测绘学院是亚洲唯一的一所专门培养测绘专业人才的大学，实行半军事化管理，干的全是与国家重大事件相关的事情，老师都是从德国、英国、美国留学归来的博士，连教学仪器也全是从国外进口的……用现在的时髦话说就是，这咖位，高端大气上档次，妥妥的王炸！

幸运之至，他得到两位泰斗级导师的教诲

王强如鱼得水。本科四年，他不仅掌握了扎实的专业知识，而且他的思维变得活跃而严谨。他清晰地看到了一个崭新的职业前景。

毕业时，王强留校任教，也因此成为武汉测绘学院历史上最年轻的教师，那年，他不到 20 岁。

留校后，学校先后送他到华东化工学院进修感光材料专业，到北京印刷学院进修印刷专业，主修电子分色。

1986 年他正式登上讲台，为地图制印专业首届本科生讲授电子分色课程。同年，德国波恩大学知名学者摩根斯特恩教授应邀来武汉测绘学院给全国地图制印高级研修班授课，王强担任了摩根斯特恩教授的实验助理。由于当时国内实验设备的技术水平和精度与德国差距较大，在印版测试时，实验结果始终达不到预期目标值。在摩根斯特恩教授的指导下，王

强不断优化实验计划和控制方法，提出弥补精度误差的设想和对策。经过数十次实验，最终获得了理想结果。摩根斯特恩教授的讲学为国内地图制印业打开了一扇应用国际先进技术的窗口，提供了一套应用先进技术工艺的思路。王强的好学与勤奋也得到了摩根斯特恩教授的好评，他曾真诚地评价王强：“我从你身上看到了中国年轻学者的风采!”后来，两人成了忘年交，一直保持着友好联系。

谈起留校后的这段经历，王强对武汉测绘科技大学充满感激之情：“我太幸运了。是武测让我的人生开挂。”

王强的幸运还在于他遇到了两位顶尖级的导师。一位是他的硕士生导师，有“中国地图制图学泰斗”之称的万遇贤教授；另一位是他的博士生导师，有“中国测绘泰斗”之称的李德仁院士。

1986 年，他考上了武汉测绘科技大学地图制印方向硕士研究生，成为万遇贤教授的关门弟子。

1989 年 5 月的一天，万遇贤教授特地把王强叫到自己家中，严肃地提醒他：国家正处在改革开放的高速发展时期，急需高级专业人才，你要静下心来，用“躲进小楼成一统”的方式尽快完成硕士论文，把实验数据和实验结果做到最佳，按时完成硕士论文答辩，为国家做点大事。

当时，王强刚刚喜得千金。于是，王强一边洗尿布听孩啼，一边核实数据修改论文，完成了硕士毕业论文《影像地图制印质量评价方法研究》。6 月 8 日，在武汉测绘科技大学 7 号教学楼顶层一间偏僻的实验室里，他顺利地完成了毕业论文答辩，5 位专家组成的评审委员会对他的研究给予了很高的评价，由此，王强成为中国印刷工程的首位硕士。

1990 年，受学校指派，王强承担了引进国际最先进电子分色机 M656，让其在武汉测绘科技大学落地并投入运行的任务。这个项目属世界银行贷款项目，经费达 40 万美元，是年轻的王强接触到的最大一笔资金。

校领导提出的要求是，在满足学校教学科研的基础上，M656 要在湖北印刷业新技术应用方面发挥龙头作用。因为，随着改革开放的步伐加快，社会上对印刷品的需求量越来越大、质量要求也越来越高。但是，当时整个武汉地区只有 4 台电子分色机，武汉测绘科技大学的这台 M656 是最新的也是最好的。然而，武汉测绘科技大学现有的其他设备和技术工艺与 M656 不配套，王强常常是白天在武汉测绘科技大学做好分色片，晚上乘 6 小时绿皮火车赶到襄樊彩印厂做大版和打样。有一次，他和师弟半夜 12 点赶往襄樊，因没有买到坐票，他俩只好在车厢里站了 6 个小时，到达襄樊彩印厂后，他向对方讲明工艺要求，就倒在照相暗室的地板上睡着了。不巧的是，第二天晚上返回武汉时，他俩居然又没有买到坐票，只好又在火车上站了 6 个小时。凌晨 2 点走出武昌火车站，找不到任何交通工具，两人只好步行返回学校。一路上，两人互相打趣鼓劲：两个印刷高级人才也有“红军不怕远征难，万水千山只等闲”的气魄，有这一趟垫底，未来什么样的困难都能对付。

这个项目持续了 3 年，王强不仅圆满地完成了校领导提出的要求，而且还出版了 30 万字的专著《电子分色原理与工艺》，这是他的第一本学术著作，也是国内第一本关于电子分色的学术著作。

1994 年 5 月，王强出任新成立的印刷工程学院副院长，当时他不足 30 岁，成为武汉测绘科技大学历史上最年轻的院领导。

在副院长任上，王强干得最得意的一件事是主持创建申报“教育部‘211’重点建设学科”。

1996 年，国家启动“211”重点大学和“211”重点学科的建设。作为分管科研与实验室的副院长，王强提出，尚属“小不点”的印刷工程学院应在武汉测绘科技大学众多一流学科中博得一席之地。为此，他选择航摄彩色影像和遥感彩色影像的数字化攻关作为突破口。在航摄泰斗王之卓院士和校长宁津生院士的指导下，王强对电子分色机进行高端联网数字化改造，在国内首次实现了12000dpi极高分辨率下彩色影像从模拟到数字的跨越，为测绘科学的数字化变革提供了成功案例。结果，武测共有6个专业入选“教育部‘211’重点建设学科”，而印刷工程专业是唯一一个非测绘专业，也由此奠定了武汉测绘科技大学在中国印刷工程学科领域不可撼动的领头羊地位。

1998年，王强萌生了攻读博士学位的想法，他琢磨：读硕士时的导师万遇贤先生是泰斗级的，读博士的导师也得找一位名家。几经权衡，他敲响了中国科学院院士、中国工程院院士李德仁教授办公室的门。得知王强的来意，李德仁院士很高兴，反问他：“我研究的是摄影测量与遥感，你从事的是印刷工程，这两者之间有点不搭呢，定一个什么研究方向呢?”不等王强回答，李德仁院士又问他：“你现在做什么研究?”王强如实作答：“目前正在尝试做彩色航片和遥感影像数字化复制的色彩管理研究，一旦成功，可解决遥感影像航片色彩不一致的瓶颈问题，实现彩色航片和遥感影像高精度识别机应用。”闻言，李德仁院士大喜过望：“好！太好了！我也正考虑彩色航片和遥感影像数字化处理和应用，色彩一致性一直是亟待突破的难题，你就把这个作为攻读博士学位的方向。”

在接下来的时间里，王强一边工作，一边攻读博士学位。最终，他提交了20万字的博士学位毕业论文《空间信息色彩管理机制研究》。李德仁院士审阅后，高兴地告诉他：“论文写得不错，有创新，对遥感彩色影像处理有较高学术价值，我很满意。”

后来，王强在这篇博士论文的基础上，撰写出版了学术专著《分色原理与方法》，受到学界和业界的一致好评。

回顾读博的经历，王强的收获不仅是取得了博士学位，而且还在于他深受李德仁院士教诲，学到了科研之道。这位后来获得国家最高科学技术奖的两院院士曾告诉他："搞科研要有全球视野，要注重多学科融合，要有走在世界科研前列的雄心、眼光，如果不是排在全球前五、前十的事，就不要做。"这种学术思想深深地影响了王强。

2010年，李德仁院士和王强应邀在台湾艺术大学国际图文传播学术会议上做主旨报告。

外引内联，让中国印刷业融入世界

21世纪初，具有"印刷业《圣经》"之称的《印刷媒体技术手册》已出版了德、英、法、俄、日文版，作者 Helmut Kipphan 教授希望出版中文版，毕竟，中国是印刷大国，印刷业从业人员居世界第一。2002年，广东世界图书出版公司与作者谈妥了版权，作者提出的附加条件是"在中国寻找最优秀的专业人员承担翻译工作”。于是，广东世界图书出版公司邀请中国印刷机械首席专家、北京印刷学院副院长谢普南教授和武汉大学的王强担任主译，遴选8位专家组成翻译组，承担这部近2000页有1800余幅插图的巨著的中文翻译、出版及印制工作，时限8个月。

王强根据精细化的翻译质量及进度要求，与出版社商定，首创了翻译与编辑协同作业、翻译文本与排版文件交互作业、翻译定稿与三审三校交叉作业的机制，确定了全数字管控的印装流程。这期间，王强的译稿和校稿摞起来的高度竟超过了2米，他对每幅图、章节页码以及中英文术语对照做到了了然于心。最终，这部著作的中文版成功问世，时任新闻出版总署领导欣然作序，高度评价中文版的出版推动了中国当代印刷技术与国际的接轨，对中国印刷业的现代化建设起到了巨大的推动作用。

2005年，为促进我国印刷教育事业和印刷科技的发展，王强利用与有世界印刷业巨子之称的德国曼罗兰公司的友好关系，推动曼罗兰公司在中国设立了“曼罗兰印刷专业奖学金计划”——曼罗兰公司每年出资100万元人民币，奖励中国印刷专业的在校优秀学生，其中，针对研究生设立了“曼罗兰印刷科技创新奖”，针对本科生设立了“曼罗兰印刷科技人才奖”，针对高职生和专科生设立了“曼罗兰印刷技术人才奖”，实现了对不同层次印刷专业学生的奖励全覆盖。

2005年5月，以“我们是印刷”为主题，首届“曼罗兰印刷专业奖学金”颁奖大会在中国印刷新技术博览会上举行，曼罗兰全球总裁和中国印刷技术协会领导莅临颁奖仪式，为首届研究生、本科生及专科生的一等奖得主颁奖。这项奖励计划一直持续了十年，激励了我国优秀的印刷人才的脱颖而出，培育了一批推动国际先进印刷技术在中国落地的优秀人才。

2006年，应第四届亚洲印刷大奖赛组委会的邀请，王强作为代表中国的唯一一位独立评审专家赴新加坡参加评审工作，在由来自世界各地的

9 位专家组成的评审团中，他是唯一一位学界与业界兼备的印刷专家。

在评审工作中，王强注意到一个现象，评审团专家大多来自欧美国家，他们对亚洲文化，特别是中国文化认知较少，导致中国高水平的印刷作品，尤其是中国传统书画类印刷作品并没有获得应得的评价。于是，王强主动出击，他利用各种机会与这些专家进行交流沟通，讲解中国文化的表达样式及意境，让他们了解中国印刷作品的艺术价值和技术工艺的复杂性，尤其是将评审委员会主席 Mr. Alf 先生变成了 Uncle Alf，增强了专家们对中国文化艺术的认知，从而一举扭转了中国印刷作品难以问鼎国际印刷大奖的不利局面，获得了多项金奖。

2011 年，王强出席在新加坡举行的亚洲印刷大奖赛颁奖典礼，并获得“亚洲印刷终身成就奖”。

为推动世界印刷业的发展，促进中国印刷企业与世界的融合与交流，王强策划设立了面向全球的“金光印艺大奖赛”。这项赛事由世界纸业十强之一的金光纸业冠名，中国印刷技术协会作为支持单位，参赛对象为世界各国从事与印刷、出版、广告设计相关的企业，大奖赛共设立了 17 个奖项，涵盖了书刊装帧设计、包装、数码印刷、广告设计、印艺创新等印刷业的方方面面。王强是这项赛事的创意策划人，并先后两次出任评审会主席。2007 年首届“金光印艺大奖赛”在上海举行，被誉为全球印刷界、造纸界、出版界共同的视觉盛宴、技术盛宴。

华丽转身，他在杭州搭建新的学术高地

被王强卓越的学术成就、深厚的人脉资源、强大的社会影响力所吸引，2008 年，杭州电子科技大学向他伸出了橄榄枝。经过认真考虑，王强接受邀请，作为特殊人才以特聘教授的身份加盟杭州电子科技大学。这意味着他告别了生活工作了 20 多年的武汉大学，转场杭州开始新一轮的征程。

王强入职杭州电子科技大学后受到校领导的高度重视，时任校党委书记方华和校长薛安克多次就学校的发展听取他的意见，并一再恳请他为学校发展建言献策，这种礼贤下士的作风也感动了王强。

2008 年 8 月 20 日，在从新加坡回国的航班上，王强在笔记本电脑上一气呵成地敲出了《数字媒体与艺术设计学科建设融合方案》。他提出，将分布在杭州电子科技大学多个学院的与媒体、艺术相关的专业进行融合，组建数字媒体与艺术设计学院。

回到学校，王强郑重地将这份建议送交给了方书记和薛校长。一个月后，两位校领导约王强谈话，告诉他：“你提出的方案非常好，校党委经过认真研究，决定全盘采纳，并请你出任新成立的数字媒体与艺术设计学院院长。”

王强欣然接受了校党委的决定，立刻走马上任。于是，新闻出版学院的印刷工程、包装工程和传播学专业，计算机学院的数字媒体技术专业、机械学院的工业设计专业以及校团委从事艺术教育的老师共同整合成了数字媒体与艺术学院。

王强在院长位置上一干就是10年，他带领全院师生打造了“真善美正”的院训，先后完成了4项国家重点研发项目、60余项国家基金项目，所属的8个专业都获得了硕士学位授权点，1个专业获得博士学位授权点。

王强坚持开放办学的理念，积极开展海外学术交流和合作。

2012年他促成台湾艺术大学与杭州电子科技大学共建了“两岸中华文化典藏数字保护与复现研究中心”，分享台湾艺术大学与台北故宫博物院在中华文化典藏数字保护与复现方面的路径、方法、经验及文创成果，交流大陆在甘肃敦煌、新疆龟兹、宋画全集、数字故宫等文化遗产领域的色彩呈现技术。

他还与台湾艺术大学校长谢颙丞教授联手搭建了台北—杭州学生学术交流营、互换生计划及教师定期交流平台，让板桥夜市和清河坊街美食融入两岸师生心中，让台北101和西湖保俶塔立于学生梦中，让他们共唱《冬季到台北来看雨》和《千年等一回》，极大地增进了海峡两岸青年学子的相互了解。

王强围绕学科建设和多学科融合的工作成就，受到了校领导的高度认可，2019年，赶上杭州电子科技大学启动文科类院系合并，校党委决定保留法学院并任命王强兼任法学院院长。这一举措的意图其实很明确，就是要发挥王强的优势和经验，推动数字技术与法学的融合，打造杭州电子科技大学的法学特色。

于是，王强不辱使命，这位自嘲“不懂法”的法学院院长一干就是4年，先后主持建设了“数字社会治理研究中心”“数字法律研究中心”，运用大数据开展现代社会治理和互联网法律实践，为浙江数字经济提供服务，形成了杭州电子科技大学法学在教学、科研和社会服务方面鲜明的数字特色。

2011 年，在苏州举行的第五届“金光印艺大奖赛”上，
评审委员会主席王强（左七）与评审团及组委会专家合影。

整整 40 年的职业生涯，王强创下了突出的业绩，仅出版的学术专著就有 17 部之多。同时，他也获得了诸多殊荣。其中最为显赫的是，由于为中西文化艺术在印刷复制中起到的桥梁与交流促进作用，特别是在让中国印刷“走出去”、国外先进印刷技术“走进来”方面作出的突出贡献，2011 年他获得了亚洲印刷联合会颁发的“亚洲印刷终身成就奖”。2017 年他在两年一度面向两岸四地，每届不超过 5 人的“中华印刷杰出人物”评选中榜上有名。他感慨地说：“印刷术是中国古代四大发明之一，能为擦亮这块金字招牌出一分力，是我的责任和荣幸。”

如今，随着人工智能的广泛应用，中国印刷业也进入向数、云、智转型升级的关键期。虽然王强已退休，但他并没有停止探索的脚步，目光所及，皆是他情寄半生的事业……

“学习不仅是博文明理的启迪过程，也是厚德济世价值观的形成过程，要将学习当成终身事情。”

——王长城

王长城：致力于劳动研究的劳动者

杨兴虎　王琼

小麦青青菜花黄，堰塘清亮，河流粼粼泛光，路悠长……返乡探亲的王长城缓步走进三月的四家村，一片金黄与翠绿错杂的林边，有一座简易帐篷和摆成排的黑色蜂箱。看着这熟悉又陌生的场景，他有一种恍若隔世之感，毕竟，六十年前的那个倔强少年，已修炼成了思想深邃的智者。

困苦屈辱中，他向知识寻求力量

能看的人未必能看见，能看见的人未必有仔细观察的能力。1961 年农历五月初五，王长城出生在沙洋县烟垢镇（现高阳镇）吴集乡四家村，他早慧且敏感，总能透过习以为常的生活发现生活中的不正常。最初让他感受到的痛苦是不平等，且来自家庭。

大男子主义的爷爷有着封建家庭一家之主的专横做派，每餐开饭时必须等他上桌动筷后，其余人才能开吃，可他却常在吃饭时故意躲开，只为让人请他。他习惯于享受一家人对自己的恭敬，总认为一切理所当然，每餐给他添饭、日常洗脸洗脚，成了奶奶的“功课”。

爷爷育有二子，王长城的父亲是老二，他让老大读了不少书，却一直没让老二上过学，王长城为此不解并不满。

临近过年，母亲为全家人赶做新鞋新衣，几乎通宵达旦。许多次，睡梦中醒来的王长城看到昏黄的油灯下，母亲投射在土墙上的剪影孤独而沉默。感激、悲悯、同情、无奈，一齐涌上少年的心头。

没日没夜的劳作迫使母亲无暇自顾，王长城很心疼，他想，也许我多做一点，母亲就会轻松一点。他很小就学着做饭、做手工针线活、织简单的毛衣，后来又学会了编箩筐、簸箕，并将它们拿到倒垱港粮店和沙洋镇街上售卖，再将所得交给母亲补贴家用、交纳学费。

夏夜，在稻场上纳凉时，大伯常给孩子们讲《西游记》和《三国演义》。流萤漫天飞舞，星河在头顶流转，那些神奇的故事犹如投射进生命的微光，在王长城面前铺陈出一片广阔的天空，带他远离困顿和忧愁，知识的种子开始在他心里生根发芽。上学后，除了爱看课本，王长城迷上了各种小人书，有时为了买到心爱的小人书，甚至偷拿家中的鸡蛋去换。

劳作的艰辛、饿肚子的贫穷、受欺凌的屈辱……在王长城心里迅猛发酵，他萌生出强烈的斗志："我一定要考出去!"

然而，1979 年，王长城高考落榜了。怎么办？认命在家种田，还是继续拼搏？"养儿不读书，不如喂头猪!"父亲的鼓励石破天惊，震颤着王长城的心，他要为自己、为父亲、为家族争气。

沙洋中学文科班班主任冯孝益得知王长城想复读，便建议他由理科改学文科，王长城接受了冯老师的建议，并成为冯老师的学生。

王长城曾梦想成为一名教师或军人，但自从报名招飞失败后，就将目标锁定在做老师上。经过一年苦读，他考上了湖北财经学院（现中南财经政法大学）国民经济计划专业。这意味着他终于离开了令他不堪忍受的乡村，做一个受人尊敬的"公家人"。

求学路上，他把清苦当成垫脚石

大学向王长城打开了一扇崭新世界的大门。友好的同学、和善的老师，图书馆里浩如烟海的书……他沉迷于知识的海洋，每晚十点半钟宿舍熄灯后，他仍会搬着小板凳坐在走道里看书。

大学毕业时，王长城面临两个选择，他毫不犹豫选择了留校，圆了自己的教师梦。两年后，他报考本校国民经济计划专业硕士研究生，师从陈远敦教授，专门从事劳动工资计划方向的研究，从此奠定了他的学术方向。硕士研究生毕业时，他被授予“中国优秀硕士学位获得者”称号，硕士毕业论文入选国家统计局召开的贫困线标准问题讨论会，部分观点发表在《统计研究》上。

随后，他经历了当时中国高校的青年教师几乎都经历过的生活：住筒子楼，成家，在狭长昏暗的走道里奏响“锅碗瓢盆交响曲”，在婴孩的啼哭叫嚷声中备课写论文……

生活虽然清苦，但挡不住事业之树枝繁叶茂地向上生长。

2000 年，王长城被学校评为社会保障首席教师。在教书育人的同时，王长城时刻没有忘记给自己充电，不断提升自己的知识水平。临近 40 岁时，虽然已担任劳动和社会保障系系主任，他仍攻下了博士学位。再后来，尽管已是教授，他仍申请在复旦大学经济学院从事了两年半的博士后研究，由于只能在职学习，他便成了铁路上的常客，隔三岔五就得往返于上海、武汉两地之间。

王长城深有感触地说：“学习不仅是博文明理的启迪过程，也是厚德济世价值观的形成过程，要将学习当成终身事情。”读书不仅改变了王长城的个人命运，也改变了他的家族后代的人生和职业道路。在他的影响下，他们五弟兄的孩子全部上了大学，他的女儿也获得了博士学位。

王长城在图书馆查阅资料。

教书育人，他以社会需求为行动指南

湖北财经学院很早就开展了劳动人事与社会保障相关内容的教研工作。1997 年，全国高校专业大调整，征求意见稿中用人力资源管理专业代替了原来的人事管理专业，但劳动和社会保障却出现了空白。时任中国人民大学劳动人事学院院长董克用教授召集全国 20 余家院校的教师代表齐聚中国人民大学共商对策。与会者对专业设置意见不一，王长城将中南财经大学在劳动人事与社会保障专门化、宽口径教学实践方面的优势作了详细介绍，大家深受启发，最终形成建立劳动与社会保障专业的一致意见，并以集体署名并加盖院系公章的方式向教育部提交了书面报告。中南财经大学也因此成为全国首批设置劳动与社会保障专业的八大院校之一。

2000年，中南财经大学与中南政法学院合并后，新成立财政与公共管理学院，下设劳动和社会保障系，王长城被任命为该系系主任，他在这个岗位上干了整整十年。

劳动和社会保障系成立之初，在学校是“小透明”般的存在，只有13名教职员工，经费短缺，师资不足，但它渊源深厚，凝聚了几代人的创新和探索成果。王长城在系务会上表示，一定要把这个系办得有声有色。

他先利用同学和熟人关系，发动教师给有关单位提供专业培训，完成了教学经费的原始积累；再后来，又通过申报专业建设项目，进一步缓解了经费紧张的问题。

由于院里进人指标有限，系里又没有人事决定权，王长城只能依靠现有的十多名教师支撑起整个专业的运转。专业教师中，有博士学位的只有一人，他便从自己做起，报考本校赵曼教授的博士生。在他的带领下，系里所有在职教师都考上了本校和外校的博士，极大地提升了师资水平。

为提升教学水平，培养高质量人才，王长城带领团队深入谋划，对课程体系和教学大纲进行了系统梳理和修订，按照“三个教师一个课程组，一个教师讲三门课，主讲一门，辅讲两门”的“三三制”，对教师进行分工和定位，这一做法后来被很多高校借鉴。

为了搞好学科建设，王长城殚精竭虑。

为了劳动经济学专业申报省级重点学科，他甚至差点和院长翻脸。

学校举行重点学科评审会的当天，恰好赶上院长要出差。得知这一消息，一向敦厚温和的王长城急了，他顶着暴雨追上院长，请她退掉火车票回校参加评审会，为劳动经济学专业的申报发声。见院长面露迟疑，王长城顾不上情面，脱口而出：“如果材料送到了省里，劳动经济学评不上省级重点学科，我怪自己无能。但是，如果在学校层面的评审中，因为您的缺席，无人争取，劳动经济学的申报材料走不出校门，我一定会记恨您的！”院长既震惊于他的“狠话”，更感动于他的赤诚、执着，最终放弃了出差，参加了评审会。

2019年1月9日，王长城应邀在台湾高雄参加学术交流活动。

劳动经济学专业顺利入选省级重点学科。事后，有老师开玩笑：“王长城效仿古人拦轿申冤，把院长得罪得不轻，以后恐怕有穿不完的小鞋。”

王长城坦然一笑："只要不是为了一己私利，我不怕得罪领导。"后来的事实证明，领导也是通情达理的，院长对王长城的工作更了解、更认可了，给予了极大的支持。

劳动和社会保障专业毕业生的就业相对困难一些，身为武汉市政协常委和教科文卫体专委会委员，王长城在调研中发现解决医院的医疗保险管理人才缺乏问题迫在眉睫，而且随着市场化程度的加深，各种劳资矛盾越来越多。据此，他研判未来劳动关系人才会有较大社会需求，需要及早布局。于是，从 2004 年起，他主导将劳动与社会保障专业细化为劳动关系方向和医疗保险方向，力求办学办出特色和品牌。

2007 年，王长城又提出申办劳动关系本科专业的动议，几经周折，中南财经政法大学的劳动关系专业终于落地，并获批省级一流专业，在多种排名中稳居全国第二。

在王长城的精心谋划下，劳动和社会保障系的劳动经济专业、劳动关系专业、社会保障专业，以及依托社会保障专业拓展的社区社会管理专业，依托医疗保险建立的社会医学与卫生事业管理专业均形成了本硕博一体化的培养体系。劳动与社会保障专业成为全国首批一流本科专业、国家特色专业，至今仍处于全国前列。

"事了拂衣去，深藏身与名。"王长城高调做事，低调做人。第一次参评教授，只有一个指标，为照顾老同志，也避免领导为难，王长城主动放弃了指标。参评博导时，由于种种原因，他落选了，之后他思索再三，决定把自己的评选材料全部收回，从此不再参评。很多同事、同学为他鸣不平，他淡然一笑："不念人过，不忘人恩，不思人非，不计人怨，对得起自己的良心就好。"

立言参政，他的心里装满了民众

王长城的学术研究集中在人力资源开发、工资与收入、就业与社会保障、劳动关系等方面。说起做学问，认识王长城的人对他的评价是："执着、较真。"

"板凳要坐十年冷，文章不写一句空。"对自己没考虑成熟的问题，王长城绝不轻易发表意见，而是深入学习、深度调研，对常识进行拷问，从吸收的知识中淬炼出独到的见解。近四十年的教研生涯中，他成绩斐然，发表了近50篇学术论文，产生了很大的社会反响。比如，2003年他发表《我国农村社会保障面临的形势、问题与对策》，提出"社会保障不能将农村排除在外"的观点，该文被收入《中国社会保险优秀论文集》，同时被中国老龄事业发展基金会"中国经典文库"收录；2007年在《农民工呼唤国民待遇》一文中，他提出了"破除城乡户籍等制度性障碍"的建议，引发激烈的社会大讨论。

除了撰写学术论文、编撰专业著作和教材，王长城还承担了许多科研项目。比如，他先后主持了国家社科基金项目"公务员薪酬制度研究"、中组部人才局项目"健全劳动、资本、技术、知识产权、信息等要素按市场决定报酬的机制研究"、国家发改委项目"人口城镇化和结构调整对劳动就业的影响和对策"等。

"纸上得来终觉浅，绝知此事要躬行。"2005年12月，经滁州市委组织部人才引进，王长城被聘任为该市劳动和社会保障局兼职副局长。到任后，王长城主要分管就业促进与失业保险、工资福利、调解仲裁三个科室，协助养老保险、培训两个科室的工作。在他看来，没有务实的务虚是空谈，没有务虚的务实是蛮干。任职期间，王长城深入滁州市下辖的四县两市两区调研，摸清了当地劳动保障系统管理的基本情况，提出了一系列改进意见和建议。为普及相关管理知识，提高干部的专业素质，他在局系统举办了就业与创业、社会保险、企业年金、职业能力鉴定与资格管理、劳动争议仲裁等系列培训。

王长城在实际工作中发现，很多滁州当地人年轻时外出打工，年老后回乡养老。针对这种贡献在外地、养老负担在当地的情况，他提出了养老缴费异地转移的思路，建议在当地试行。后来，国家果真出台了养老保险转移接续办法。

学以致知、致德、致用、致远，知识引领王长城走过人生的千山万壑，见过世间的纷扰繁华，但他从未迷失方向。如今，王长城早已不是当年那个迷茫苦闷、渴求远离故土的少年。拥有成熟身心的他站在精神的高地，更愿意倾听基层民众的需求和疾苦。教职以外，王长城还拥有多重社会身份：民进会员、武汉市政协常委、湖北省政府参事等。

建净言，立高论，十多年的参政议政生涯中，王长城不辱使命，屡屡切中时弊。2014 年 2 月 11 日，受民进武汉市委员会托，他向全国政协提交了《加快推进“新农保”与“城居保”并轨衔接的政策建议》提案。在武汉市政协会议期间，他了解到因物业费不合理，小区居民与物业公司矛盾深重。于是，他奋笔在提案纸上写下《关于尽快建立“质价相符”的物业服务价格调整机制五点建议》的提案，迅速引起相关部门的重视，并由此出台了物业服务的相关规定。

通过新闻媒介，王长城不断探索社会化、开放式的参政议政新机制。他参与武汉电视台“看病难看病贵”话题讨论，在汉网“大龄下岗女工再就业”现场连线百姓，在湖北电视台探讨“农民工劳动权益保护”，许多市民纷纷向他反映社会问题，大大扩大了他参政议政的信息来源。

王长城的事业稳步提升，但家乡永远是他心头最柔软的地方。当初离开的脚步有多决然，如今回望的目光就有多深情。过往的恩怨情仇早就被岁月稀释冲淡，对来自家乡的亲朋，他格外重视。前几年，来自家乡的一位同事全家患病，他多方奔走，让他们入院得到了有效治疗，并给他们送去食物和用品。同事一家出院后，他又前往嘘寒问暖。这位同事素来心直口快，以前常对王长城的耿直认真冷嘲热讽，经历了此事，他很感慨："王长城重情重义……"

2009年12月，王长城受聘担任湖北省人民政府参事，图为时任湖北省省长李鸿忠（右）向他颁发聘书。

退休后，王长城被广州城市理工学院聘任为教授，他自嘲为"打工人"。如今，他奔走在广州与武汉之间，有朋友担心他身体吃不消，他笑呵呵地说："我身体壮实着呢。研究了大半辈子打工人，都是以一个局外人的眼光，现在终于能用一个局中人的身份与他们共情了。"

“疑难病例的诊断不可掉以轻心。同样的标本，角度不同，结论就有可能不同。因此，我们必须每天保持良好的状态，直面新的挑战。”

——官　阳

官阳：神奇的“超微病理判官”

范洪涛

武汉大学人民医院本部坐落于武汉市解放路与复兴路交会处，这里属武昌老城区，称得上是“寸土寸金”。然而，2015年，医院毅然作出了一项特别决定，扒掉一座花坛，在十分金贵的院区里新建了一栋两层楼的办公楼。

这栋楼后来被命名为“武汉大学人民医院超微病理中心”，简称“电镜中心”，它实际上是院方给官阳“公费订制”的。在此之前，为筹建“电镜中心”，武汉大学人民医院在长达3年的时间里，一直在想方设法作为高精尖人才引进官阳。

当小洋楼建设接近尾声时，院长直接将了官阳一军：“楼都给你建好了，你来不来？”

为浓浓的诚意所打动，也为了中国临床电镜事业的发展，官阳终于告别了华中科技大学同济医学院，把办公室从江北搬到了江南，出任武汉大学人民医院超微病理中心（电镜中心）主任，他也由此成为中国大型医疗机构两所超微病理中心掌门人之一，此前全国只有北京大学第一医院设有独立建制的超微病理中心。

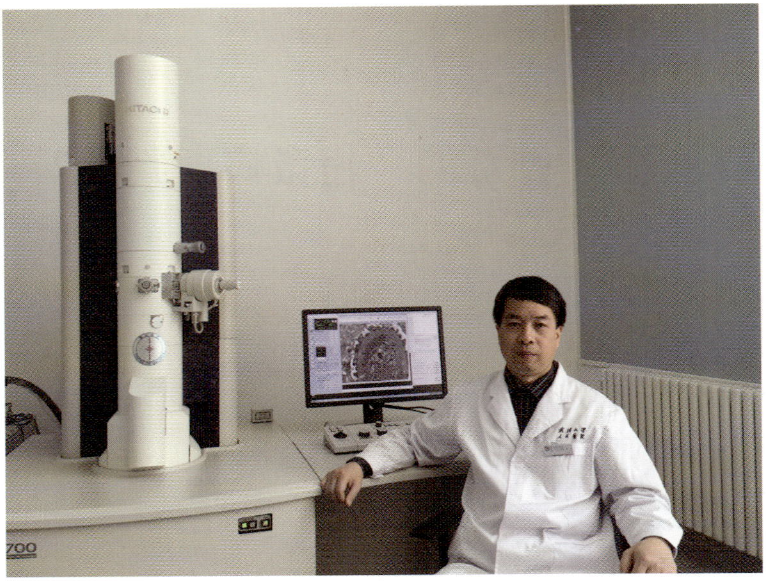

2023 年 4 月，官阳在武汉大学人民医院超微病理中心检测室。

母命难违，想当化学家的他走进了医学院大门

官阳是土生土长的沙洋人，因为母亲是沙洋人民医院的职工，他从小就对医院的事特别熟悉。1978 年，官阳以全镇第 5 名的成绩从沙洋一小初中部考入沙洋中学。在沙洋中学就读期间，他很好地延续了特有的学霸气质，尤其是对化学格外感兴趣，并成为班上的化学课代表。在这个过程中，一个人生理想开始在他心底悄悄萌芽：考化学专业，将来当化学家！

然而，1980 年高考填报志愿时，他的母亲却坚持让他填报了湖北医学院（现武汉大学医学院）。母亲的想法很简单：官阳当时不满 16 岁，从没独立生活过，而他的哥哥两年前从下放的农村以知识青年的身份考上了

湖北医学院，如果兄弟俩在同一所学校求学，兄长对他能有些照应。因此，官阳的化学家梦想被母亲“扼杀”了，收到湖北医学院的录取通知书时，他高兴之余不免有一丝小小的遗憾。

5年后，官阳从湖北医学院临床医学系毕业，获医学学士学位。当时，正赶上荆门县升格为荆门市，四处网罗人才，因此，按照大学毕业生统一分配制度，官阳被分回荆门市，市卫生局又以他是沙洋籍为由，把他分配到了沙洋人民医院。这一结果的确出乎全家人的意料，官阳没想到的是转了一大圈，他会以这种方式与父母团聚，而且与母亲成了同一单位的同事。暗地里，他自嘲：“这下好了，上大学，有兄长照应；上班了，有母亲照应。”

正处于豪情万丈、志存高远的青葱年华，对官阳而言，如果说当年上湖北医学院留下了一丝遗憾的话，那么回到沙洋人民医院工作则无疑是生活给了他当头一棒。拿到派遣通知书的那一刻，大学毕业的喜悦已荡然无存，他把自己关在家里，谁也不想见。好在官阳很快调整了心态，他暗暗告诫自己：命运可以被安排，但更应该被自己掌握！于是，从上班第二个月开始，他就定下了目标：考研究生，走向更宽广的世界。

医院的工作繁忙，持之以恒地一边工作一边备考就不是一件容易的事，但官阳做到了，他常常是忙完一天的工作就转身投入考研学习中，一直持续到深更半夜。有一天，他实在太困了，临睡前毛衣脱了一半就倒在床上睡着了，早晨被闹钟唤醒时，才发现毛衣竟还套在脖子上。

功夫不负有心人。1988年，官阳如愿考取同济医科大学（现华中科技大学同济医学院），师从我国著名病理学家武忠弼教授和阮幼冰教授，攻读病理学硕士学位。

歪打正着，超微病理学让他的医学人生开挂

从临床医学本科考入病理学硕士研究生，官阳的医学之路拐了很大一个弯。说起这一变化，官阳笑曰这完全是歪打正着，纯属偶然。

原来，在备考过程中，他专业课的复习内容刚好与病理学考研科目相吻合。而且，他压根就没有想到，有一天他会成为有“中国生物医学电镜鼻祖”之称的武忠弼教授的弟子。官阳至今记得，他第一次见到身为德国自然科学院院士、德国国家大十字勋章获得者武忠弼教授时，他的双腿竟不受大脑控制地发抖，“武先生真的是令人高山仰止的大神级人物啊！”

3 年后，官阳以优异的成绩获得医学硕士学位并留校任教。

1997 年，同济医科大学决定派官阳出国进修超微病理学。正当他苦修德语，并已分别拿到德国柏林大学、弗莱堡大学录取通知书，只等奖学金到位即可成行时，一封来自日本金泽医科大学的邀请函飞到了他的案头。于是，武教授替他作了先去日本，学成后再去德国的决定。就这样，当时尚属日语小白的官阳登上了飞往日本大阪的航班。临行前，他特地去向德籍德语老师辞行，得知他临时决定改去日本，德语老师调侃说：“你真的是开了一个‘国际玩笑’。”

抵达金泽医科大学，官阳欣喜地发现，他的日本副导师居然是刚在德国完成了博士后研究工作回国的。于是，在以后的时间里，实验室里常常出现这样一个画面：一位日本老师和他的一位中国学生，两人时而用德语、时而用英语进行学术讨论。

原定的一年学习期被两次延长，直到 2000 年，官阳以“肺癌浸润和转移的分子机制”为主题的研究，获得了医学博士学位。

从头上取下博士帽，走出博士学位颁发仪式会场，官阳就下定了马上回国的决心，此时距他的签证到期还有半年多时间。之所以急着回国，是因为时任同济医科大学超微病理研究室主任的阮幼冰教授致函他：科室人手紧缺，赶紧回来。

本来，为了留学期间能方便地出入境，官阳申请了“再入国证明”，出入边检时可以走日本国民通道，颇为便捷。但想到此次是学成回国，他就没有续办此证明。于是，2000 年 5 月 1 日，在日本福冈国际机场官阳与边检人员有了一番有趣的对话。

见到签证离到期还有半年时间，而且没有续办“再入国证明”，日本边检人员特地关切地问他：“短期内不会回来吗?”“是的。”官阳礼貌地回答。边检人员手上拿着大印，继续笑问：“考虑好了?”官阳同样笑对：“考虑好了!”闻言，边检人员才在签证上盖章。官阳接过注销的签证，平静地走向候机大厅……

当时，中日两国经济实力存在着不小的差距，仅从薪水上比较，提前半年离开金泽医科大学，意味着官阳的个人收入至少损失了 7 万元人民币，而这笔钱在那个时候并不是小数目。然而，官阳并不后悔，他告诉妻子：“学校有召唤，我理当回应!”

在同学们为他举行的洗尘宴上，尽管有同学笑他傻，但官阳一笑了之。

回国后，虽然拿着不高的薪水，一家三口挤住在筒子楼里，已接任超微病理研究室主任的官阳却干劲十足，尽情挥洒着自己的聪明才智。除了教学、科研，官阳开始涉足正在兴起的超微病理诊断。

提起显微镜，人们的认知一般都停留在光学显微镜上，就是那种摆在检验科工作台上的 30 厘米高的仪器，但官阳掌管的电子显微镜却是一个身高超过 2 米，体重达 1000 公斤的“巨无霸”，是世界上最先进的科学仪器之一。

超微病理诊断其实就是利用电子显微镜进行病理诊断，凭借电镜超高的放大倍数，捕捉极其细微的病理变化信息。这种超微病理诊断让医生的诊断变得更为精准，目前主要用于肾脏病、肝脏病、神经肌肉病、遗传代谢性病、疑难血液病及低分化恶性肿瘤的诊断。电子显微镜的应用，使病理研究由组织细胞水平上升到亚细胞水平。

在这之前，电镜作为一种高档设备主要用于科研，在这个实践过程中，官阳积累了丰富的超微病理知识，这为他以后运用电镜进行临床诊断奠定了坚实的基础。当一项项科研成果得到认可时，官阳也坚定了一个职业追求：医学研究的终极目的不就是为病人服务吗？电镜在临床诊断中应该有更大的作为。于是，他尝试着将电镜技术从实验室移植进了病房，从学术研究走向了临床诊断，也由此打开了一扇更大的窗。

救死扶伤，
明察秋毫的他是妥妥的“超微病理判官”

病理医生被称为“医生中的医生”，也就是说，对很多难搞的疑难杂症，临床医生要根据病理医生的分析诊断结果制订治疗方案。因此，身为超微病理学专家的官阳称得上是一位权威的“超微病理判官”，丰富的实践经验和文献知识积累，让他练就了人机一体的“火眼金睛”。

20 多年来，他年复一年、日复一日地借助电子显微镜扮演着生命保护神的角色，来自全国各地的 5 万多名疑难病患因为他的诊断获得了精准有效的治疗，留下了许多精彩的案例。

一位中年患者肩部长了个很小的瘤子，手术切除不到半年，颌下部又出现了肿块并且生长迅速，不得不再次接受手术。面对这个肿块，武汉地区三家大医院给出了三份结论不同的病理报告。为了确诊，患者家属又将肿瘤标本送到北京、广州的两家大医院会诊，然而，令患者没想到的是两家医院又给出了不同的诊断。

2009 年 11 月，官阳在华中科技大学同济医学院接待来访的日本金泽医科大学校长一行，校长胜田省吾教授（右三）是他留学时的导师。

拿着五份诊断报告，患者几近崩溃。得知使用电子显微镜进行的超微病理检查可能有助于确诊病情，患者家属慕名找到了官阳。官阳通过电子显微镜仔细观察分析，最终在报告上郑重写下了“低分化鳞状细胞癌”的诊断结论。

如果说拿到官阳给出的诊断报告，患者还有一丝怀疑的话，那么，一个半月后，患者和家属就彻底服了，因为，他们收到了来自国际权威机构美国 M. D. 安德森癌症中心的诊断书，该机构出具的结论与官阳的诊断完全一致。

对此，官阳的解释是："肿瘤诊断有难度，尤其是低分化恶性肿瘤的诊断更是世界性难题。"准确的病理诊断可以有效指导临床治疗，这与患者的生存息息相关。经电子显微镜放大后所呈现的微观世界使医生的眼睛由此变得更为精准，超薄切片上病人组织和细胞中纳米级的变化都难以逃脱。

一位 17 岁的河南女孩，10 岁时眼睑出现浮肿，随后脚踝也肿了，在当地医院通过肾穿刺活检诊断为膜性肾病。但随后长达 7 年的治疗并没有让病症得到缓解。无奈之下，她来到武汉大学人民医院再次接受肾穿刺活检，官阳通过电镜观察发现，虽然有的肾小球已经硬化，但在未硬化部分仍可看到肾小球毛细血管基底膜的致密层有电子致密物沉积，而且呈现连续的飘带状。据此，他推翻了此前膜性肾病的诊断，认定她患上的是一种不太常见的"致密物沉积病"。病根找到了，这位年轻的患者很快得到了正确治疗。

对此，官阳很感慨，由于条件局限和认知不足，有些医院的肾穿刺活检没有进行电镜检查，从而导致了肾病误诊。

人体组织和细胞通过电镜可以被数万倍放大，从而让很多罕见疾病无处遁形。有一年，一位六旬女患者因面部和腿部水肿住进武汉大学人民医院。临床检查发现，患者除了肾脏病，还患有急性肺损伤、高血压、多发性骨髓瘤等多种疾病。肾活检光学显微镜检查显示，患者肾小球呈硬化改变，但有多种肾小球疾病都会出现相似形态，那么，她究竟患的是哪一种疾病呢？官阳将超薄切片放入电子显微镜仔细观察，发现这些硬化的肾小球中有大量微管状物质沉淀，它们的直径在 15 到 25 纳米之间。这种病变，官阳此前从未亲眼见到过，通过查阅各种资料和反复比对，他最终给出了诊断结论：免疫触须样肾小球病。这是一种罕见的疾病，目前全世界报道的病案不足 50 例。

长期的职业生涯，让官阳养成了十分严谨的工作作风。电镜标本从取材、固定、制片、观察到诊断，每一个环节都不可掉以轻心，稍有疏忽，就有可能被假象所误导，影响正确的判断。为此，碰到棘手的病例，官阳需要连续好几个小时通过电镜观察标本，有时还要检索资料，直至作出病理诊断。

2024 年 10 月，重庆，官阳应邀在中华医学会肾脏病学分会年会上作专题讲座。

如今，官阳已成为中国超微病理学领域里的领军人物之一。中国医师协会肾脏内科医师分会副会长、武汉大学人民医院肾内科前主任丁国华教授这样评价说："官阳不仅在肾脏病领域具备独特的专长，而且在肝脏病、神经肌肉病、遗传代谢病、疑难血液病及低分化恶性肿瘤的临床诊断方面都有深入研究，他是国内这方面极为稀缺的顶尖级专家。"

除了高质量地完成本职工作，官阳还担任了中国研究型医院学会超微与分子病理学专业委员会副主任委员、电镜诊断与技术学组组长；中国电镜学会理事、生物医学专业委员会副主任；中国医学影像技术研究会电镜分会委员；湖北省电镜学会副理事长；湖北省临床肿瘤学会肿瘤病理专家委员会常务委员，《中华病理学杂志》《临床与实验病理学杂志》《电子显微学报》编委，《血液病超微病理诊断学图谱》副主编。

近年来，官阳发表了60多篇学术论文，参编或参译了《免疫病理学》《超微病理诊断学》《中国血细胞诊断学》《病理学高级教程》《肝脏病学》《临床血液实验学》《生物医学中的电子显微镜技术》《临床肾脏病理学》《儿童肾移植》《KOSS诊断细胞学及其组织病理学基础》等学术著作，获得两项省级科技奖。

虽然成就斐然，但官阳依然心怀初心和理想。他常常告诫自己，也告诫团队的小伙伴们："疑难病例的诊断不可掉以轻心。同样的标本，角度不同，结论就有可能不同。因此，我们必须每天保持良好的状态，直面新的挑战。"

“把每次机会当机会，你就会有更多、更好、更大的机会。”

——巴伦一

巴伦一：从高中生到金融专家

杨继宁

在湖北省政府批准的“2005 年度湖北省有突出贡献中青年专家”名单上，巴伦一赫然在册。因为，时任湖北省农行营销部门总经理的巴伦一主持发放了 1200 多亿元信贷资产，并做到了安全收回，创造了令业界瞩目的业绩。

新冠疫情期间，巴伦一举办了 29 场金融知识公益讲座，在线听众达 40 多万人次。

巴伦一，一个从沙洋农村走出来的高中生，成为全国 300 多家金融培训机构、企业、高校的特聘培训讲师。他是如何做到的呢？

生活和时代叫醒你：该干活了

1976 年的夏天格外燥热，树上的蝉仿佛是不知疲倦的歌手，用聒噪的鸣叫渲染着一波又一波的热浪。

沙洋中学操场上站着 200 多名高中毕业生，他们同这个夏天一样热情澎湃。今天是他们走出校园走向社会的日子，今天之后，他们不再拥有学生身份，面对的将不再是纯粹的课堂，而是含有杂质的泥土，带有病虫害的庄稼，再也没有老师帮他们区分害虫和益虫，一切都得靠自己。沙洋中学高坪分校校长张永安站在台上语重心长地寄语学生们：把火热的青春投身到无限地为人民服务中去，投身到祖国最需要的地方去。

巴伦一就是这些毕业生之一。

他回到洪岭第五生产队，接过父辈的镰刀和犁耙。

远离了校园的铃声，再也没有铃声催促他起床，再也没有老师喊他进教室，但生活的清贫以另外一种方式叫醒巴伦一：该干活了。

粮食不会自动从田里长出来，只有耕耘才会有收获。

巴伦一学会了耕田耙犁、割草施肥、整枝掐尖、抗旱排涝，学会了使用镰刀、锄头、簸箕、扁担，学会了春种、夏耕、秋收、冬藏。

他不得不披星戴月，常常一大早就要去生产队上工，直到晚上 7 点才拖着疲倦的身躯回到家里，但这还没完，他还得趁夜晚去打马草，第二天凌晨 4 点钟挑着 180 斤的马草走 4 公里，到沙洋搬运站寻找买家，每斤马草 8 厘钱，一趟下来可卖 1.4 元，补贴家用。

巴伦一是一个勤劳肯干的人，在一年的时间里，他的日工分从 6 分涨到了 10 分，成了一个“整劳力”，脱去稚气成了大人。

母亲欣慰地看着自己的儿子能分担家庭重担了，家的天空逐渐亮堂起来。

但这肯定不是巴伦一的全部。在沙洋中学担任过学生会主席的他，肯动脑筋，也多才多艺，拥有能干、能说、能写的“三能”本领。他曾在一张小小的烟盒纸片上记下几个关键词，面对全年级同学滔滔不绝地讲了两个小时，这份在沙洋中学培养起来的演讲与组织才能，若干年后被其发挥到了极致，即使面对几千人，他也能侃侃而谈。

生产队队长安排巴伦一在墙壁上刷写革命标语、绘战天斗地图。“抓革命，促生产，促工作，促战备”“备战备荒为人民”，这些口号鼓舞了大家的奋斗热情，巴伦一也不例外。

1978 年，“科学的春天”像一道闪电刺破天幕，中国吹响了向“四个现代化”进军的号角。

巴伦一有了新的任务，在旧墙壁上刷写新标语。

“解放思想，实事求是，团结一致向前看。”“尊重知识，尊重人才。”“科学技术是生产力。”这些与两年前完全不一样的口号，反映了国家的重心从阶级斗争转向了经济建设，转向了科技强国，转向了发展生产力。

巴伦一感觉到了变化。因为历史是一面墙壁，它张贴过许多标语，接受过风吹雨淋的考验。但新思维总是占据最后一面墙壁，接受阳光照耀，明媚且闪亮。

职场有两张入场券，一张是大学，一张是自学

回乡两年后，巴伦一获得了一个以“亦工亦农”身份在李市公社农村信用社群力信用分社工作的机会。当时信用分社只有两个人，除了主任就是巴伦一。巴伦一既做出纳，又任会计，还担任农金员，即现在的农业信贷员。

农金员的工作看似简单其实琐碎，其主要职责是负责包管一个片区若干个大队数十个生产队的贷款发放、收回和存款组织工作。每年春耕生产开始前，巴伦一骑着自行车逐个到分管的生产队，与财经队长测算全年农业生产的基本费用需求，包括生产队购买种子、农药、化肥所需的资金和耕地、脱粒所需的机械费用，然后在此基础上给生产队核定一个贷款额度，上报营业所和信用社主任审核批准后，再由信用分社或大队信用站逐一发放到每个生产队。秋收前，再逐一到分管的生产队，与财经队长测算全年的总收入、总支出，根据其当年盈余状况，做一份偿还贷款和存款的计划方案，双方签署一个协议。待秋收农产品出售后，各生产队的财经队

长拿着出售农产品后的转账收入支票，到信用分社或大队信用站去办理归还贷款和存款的业务手续。如当年遇到自然灾害，农业减产减收，农金员会对每个生产队进行重新测算，再制订一个贷款展期计划和以后几年逐年还款的计划。

1978 年 4 月，巴伦一在李市公社农村信用社群力信用分社下乡工作的路上。

巴伦一常说："把每次机会当机会，你就会有更多、更好、更大的机会。"的确，新工作带给了巴伦一更大的激情，更多的机遇。为了更好地完成工作，也更好地提升自己，从 1979 年开始，巴伦一订了两份刊物——《农村金融》《农村信用合作》，这两份刊物成了巴伦一的金融启蒙教材。他从中不仅学习了系统的金融知识，而且还尝试着编写刻印钢板蜡纸油印乡土教材《农村会计培训》，让更多的农民学习财会知识。

因工作表现优秀，1980 年巴伦一由农村户口转为集体所有制的商品粮户口；1984 年又以荆州农行系统招干第一名的成绩成为全民所有制的国家金融干部，从而实现了户口身份的三级跳。

1985 年 4 月 20 日，时任中国农业银行湖北省分行行长丁锐在给荆州中心支行信用管理科副科长巴伦一的信中写道："我刚读过你在《农村金融》发表的文章，又接到你关于《分析旧贷现状，采取相应措施盘活资金》的文章，你对工作有见解，这是你认真读书、积极实践的结果。你两次论证的两个问题都是很重要的工作，望你通过抓点能达到新的突破和提高。"

从 1977 年到 1995 年，巴伦一从一个普通青年农民成长为湖北省农行办公室主任。在这 18 年时间里，他开启了疯狂的自学模式。在他看来，职场有两张入场券：一张是大学，一张是自学。既然失去了上大学的机会，那就要抓住自学这张职场入场券。在繁忙的工作中，他从高中起步，严格自律地完成了大学、研究生课程自修，也实现了人生的凤凰涅槃。巴伦一自信地说，唯有学习才是战胜一切困难的法宝，才是抵御未来风险的坚硬盾牌。

潜心研究，他创下金融领域多个第一和唯一

金融业是个特殊的高风险行业。利润是脸面，一个金融机构要持续发展，利润这张脸是必须有的。但相比脸面，金融安全即是命，保命显然更重要，特别是金融安全事关国家安全。

在金融领域，安全重于利润。20 世纪 90 年代末，在湖北某鱼米之乡，LT 集团下属水产品开发有限公司因生意扩张，找农行申请贷款。这家上市公司几年前经营得风生水起，市场前景一片大好，很多银行竞相给予贷款。但是，时任湖北省农行公司金融部总经理的巴伦一准确判断出其存在市场风险、财务风险和政治风险，果断决定不予贷款。果不其然，几年之后，盲目扩张导致这家企业倒闭，十多家银行的损失超 17 亿元。

巴伦一的准确判断既源于职业敏感，也源于对人性的深刻洞察。在长期的实践中，巴伦一总结出了“贷款发放八先准则”，即对企业贷款，必须先看人品再看产品和押品，先看法人代表再看法人，先看行业再看企业，先看企业发展经历再看企业未来，先看企业现金流再看企业盈利，先看企业地图再看企业报表，先看贷款风险再看贷款效益，先看企业现场后看企业管理。

在 15 年时间里，巴伦一带领团队发放贷款 1200 多亿元，全部安全收回，有效地支持了湖北省重大建设项目、国有企业、民营企业与个体经济的发展，是湖北省金融系统第一个被湖北省委、省政府授予的“湖北省有突出贡献中青年专家”。

巴伦一躬耕于金融领域，他把金融实践经验总结升华到金融理论，写成论文和专著，开创了许多第一与唯一：

1983 年 1 月，《农村金融》杂志发表了巴伦一论文《论农村信用社改革》，他是荆门县农行第一个在省部级刊物上发表论文的青年员工；

1984 年 3 至 6 月，年仅 26 岁的巴伦一在湖北省农村金融干部学校讲学 3 个月，讲授《农村信用社稽核》，是当时湖北省农行系统最年轻的兼职老师；

1990 年 10 月，中国经济出版社出版发行了巴伦一专著《农村信用站经营管理》，他是全国金融系统第一个公开出版金融专著的青年金融工作者；

2001年7月，在香港学习培训后，他写作出版了《香港银行客户经理制》，是把香港银行客户经理制推介到内地银行的第一人；

2002年5月，巴伦一编写出版了《商业银行市场开发运作流程与技巧》，这是我国金融系统第一本关于市场营销方面的专著；

2000年，《农村金融研究》第6、7、8、9、10期连续5期连载巴伦一关于金融市场营销方面的论文，这在农总行历史上是唯一一次；

2004年，中国农业银行总行把巴伦一“客户经理营销技巧60招”课程专门录制成光盘，作为全国农行系统第一批客户经理系列培训教材；

2013年，“做卓越的银行客户经理实战营销36课”荣获全国首届金融图书“金羊奖”；

2010年5月29日，巴伦一在北京通过地方金融网向全国1300多家银行分支机构讲授金融营销知识，在线听众达到54000人。

2017年，他成为我国第一个突破100万培训人次的金融老师。

巴伦一潜心研究数十年，于2019年编写出版了我国金融系统第一本信贷管理专著《信贷全流程风险管理》，扬弃了我国流行数十年的贷前调查、贷中审查、贷后检查的信贷三查制度，再造了信贷风险管理的新流程，总结出了信贷管理案例22个、信贷全流程风险管理技巧30招、不良贷款清收36法、示范操作模板10个、贷款风险点识别与管理方法49个，为提升我国金融行业信贷风险管理水平乃至为国家金融安全保驾护航作出了积极贡献。

迄今为止，巴伦一已在全国公开媒体发表论文161篇，出版专著18部，共计500多万字。

开讲进行时，他成为金融领域里的职业师

目前，巴伦一被全国300多家金融培训机构、企业、大学特聘为培训讲师，举办讲座1000多场，学员140多万人次。

巴伦一的讲座课程具备“四点”要素：聚焦点，吸引眼球；价值点，打动客户；结合点，增加黏性；痛苦点，化解难题。同时，他的讲课激情四射，具有“三化一华”功效：点化，入脑记得住；消化，入心产生认同感；转化，入行变成行动；升华，入效产生成效。因此，他的课程被学员们评价为有“初恋般的感觉”，他本人甚至被学员誉为“阳光男孩”。

如何让自己长期保持职业新鲜感，不断让自己的专业深度与高度始终处于“高位运行”？巴伦一的做法是：观天，察看经济金融大趋势；谋道，始终找准金融业与自己的发展方向；变阵，改变传统打法，创新金融培训内容、方法与技术；深耕，对自己从事的金融营销与信贷风险管理方面的理论与实战知识经验，数十年如一日地持续进行深度研究，成为无人替

代、无法替代、无时替代的稀缺老师与“紧俏商品”；精读，精读经济金融社会等各方面的名著、专业书籍与网络文章。

2000 年 6 月 12 日，巴伦一首创客户金融服务解决方案营销并组织湖北省农行市场开发项目展评。这一做法被农总行向全国农行推广。

如今，金融业变化极大，相较以前有了更先进的科技金融平台，更多的金融产品，更大的灵活性。坐等客户上门的传统经营方式使金融市场占有率相对较低，也使金融风险控制能力降低。巴伦一在对农村市场进行深入的研究之后，结合大数据，创新构建了农户增信机制和批发式作业机制。在实现农户小额贷款集约化、精细化，提高信贷投放量的同时，实现成本可控、风险可控、商业可持续，真正做到普惠金融服务“三农”。

结合新经济、新模式，巴伦一提出了创新性的现金流授信风控模式，开发出了股东连带责任担保贷款与基于场景金融的大数据贷款等低资本、轻资产的新型贷款方式。既保证了贷款及时有效发放，又减少了贷款的风险，还防止了企业与个人因银行处置抵押房产而出现经营困难甚至倒闭的风险，实现了银行、企业、居民、社会共赢的局面。

巴伦一绘制了企业集团链金融、供应链金融、销售链金融、生产链金融、合作链金融、社会链金融及全物流、全税收、全个人、全保险和全闭环等场景化金融 21 大金融生态圈图谱，将金融服务全程嵌入企业上中下游全产业链。

面对大数据浪潮，巴伦一认为，每一个生态圈与产业链都是一个完整的金融场景，每一个金融场景都有它丰富的上、中、下游及终端客群资源与多样化的金融需求，客户后面有客户，产品后面有产品，都需要商业银行为之提供配套的、全面的、个性化的金融服务，特别是无抵押信用贷款，即大数据融资，如税金贷、订单贷、仓储贷、应收账款贷、资金流贷、电商平台贷、社保贷、工资贷等，实现金融与经济、政府、企业、居民等资源的全面整合与跨界融合，实现从销售金融产品到提供金融生产、生活方式，建设开放银行的颠覆式创新。

在他的最新培训教案中，他写下了这样一个观点：未来是大数据时代，一个精确计算的时代已经来临，用大数据为新金融背书已是大势所趋。

“以专业的态度，做专业的研究，服务公共事务，这是一种把研究文章写在祖国大地上的接地气的‘入世’研究，所体现的就是拳拳报国之心。”

——贺　军

贺军：根植沃土以“智”报国

金成海

北京有一家著名的民营咨询机构叫安邦智库，为从中央到地方的各级政府提供服务，其某些核心研究人员因为研究成果得到高层认可被邀请到中南海交流，而被称为安邦智库的“中南海学者”。在这些为数不多的“中南海学者”中，就有一位沙洋人，他的名字叫贺军。

贺军为IBM、英特尔、韩国SK集团等世界500强外资企业，中石油、中石化、神华集团、国家开发银行、中国建设银行等大型国企和金融机构完成过专业咨询项目，提供过专业咨询意见。

26年的职业生涯，他著述等身，在国内外财经媒体上发表上千篇研究文章，担任过《第一财经日报》《中国企业家》《中国经营报》《财经时报》和英国《金融时报》中文网、《华尔街日报》中文网等媒体的专栏作家。接受过《金融时报》《经济学人》《华尔街日报》《纽约时报》《洛杉矶时报》和半岛电视台、瑞士国家广播公司、澳大利亚广播电台、路透社、美联社等海外主流新闻机构的访问……

楚地故乡筑根基，小荷已露尖尖角

一个人难以忘记的是故土，是年少。因为故土是人生的起点，年少是起点的时间标志。故土对于贺军也是一样的，又是不一样的，因为家庭环境和社会环境的别样，故乡之于贺军又多了一层特别的含义：熏陶。得益于故乡和时代的熏陶，贺军以沙洋这座历史悠久的荆楚重镇为起点，走向了更广阔的世界。

2013 年，贺军接受德国《明镜周刊》资深驻华记者 Bernhard Zand 采访。

贺军自小就对读书有着一种饥渴感，凡是能搜罗来的书都会翻阅一遍。他的父亲曾经兼任过小学的图书管理员，每到周日，贺军就能拿上图书室的钥匙，以值班的名义，名正言顺地在图书室里泡上一整天。长此以往，图书室里的书基本上被他翻了个遍，也为他打开了一个与贫瘠的现实世界不一样的窗口。阅读，本来只是知识贫乏时代一个少年满足好奇心、打发时间的方式，但由这个方式而形成的习惯，竟成为贺军成年后从业时的重要支撑。知识改变命运，在这里具象为一位少年在图书室里乱翻书，从文字之中窥探世界。

从 1979 年上初中，到 1984 年高中毕业，贺军在沙洋中学就读了五年。他有个学霸级的姐姐，曾夺得过荆门县中考状元，这既给了贺军压力，也树了一个标杆，产生了明显的鞭策作用。但与自我管理极其严格、专注于学业的姐姐不同，贺军除了学习，还乐意去参与一些集体活动。在初中时，他一直担任班长，上高中后被选入学生会，先后担任生活部长、学生会主席。这一顶顶“官帽子”，极大地提升了贺军的组织能力和人际交往能力。

高中阶段，贺军的同学除了来自沙洋镇，还有从李市、后港、五里铺、马良、沙洋农场等地考来的，他们当中有不少是农村学生。

当时，在学校食堂吃饭，城区学生只需交相应的粮票和钱就可以领到饭票，农村学生每到星期天下午就背上一个星期的米和油，连同加工费，一并交给学校食堂，才能领到饭菜票。有老师便以此事激励学生们：“好好用功，考上大学，一定要甩掉‘米袋子’!”这些略带压力的话，对于苦读中的学生们来说还是很有鞭策作用的。其实，在贺军看来，不论城里学生还是农村学生，每个人都有自己要甩掉的“米袋子”，这就是摆脱愚昧和贫穷。

高中阶段，贺军交到了不少朋友，既有城里同学，也有农村同学，而且他特别关心农村同学。贺军的同学陈钰是从烟垢农村考到沙洋中学的，有一天下课后，贺军满面笑容地搂住陈钰的肩膀，边走边说：“今天我请你吃晚饭，你把烟垢的几个同学都叫上。”听到这话，陈钰有点手足无措，贺军笑着解释：“我家在城区方便些，请你们到家打个牙祭。”那天，贺军的妈妈怕孩子们拘束，提前下班在家做好饭菜就出去了。陈钰等三个同学在贺军家吃了一顿令他们难忘的丰盛晚饭，也获得了一种特别的精神鼓励。

在贺军的带领下，班上走读生与住读生之间的距离慢慢拉近了，学习氛围更浓了。

不忘初心磨意志，负笈求学谋转机

生活是一本百科全书，读懂了这本书，你才悟了道。

贺军走出了沙洋，走到了省城武汉，走进了首都北京。一路走来，他才知道，所谓的“百科全书”，其实就是数不清的辛酸与不易，有时候甚至是泪水，但他硬是凭借沙洋人不服输的劲头，勇敢地翻阅着这本“百科全书”，积极地面对生活的激流险滩和阳光雨露，向多彩的生活讨要生活的经验。

1984年，贺军考入华中师范学院（现华中师范大学）地理系。之所以选择学习地理，是因为他高中有些偏科，虽然读的是理科班，但数学偏弱，文科则很强，于是选择了理科中最接近文科的专业。此外，贺军打小就想到外面的世界去看看，想着学地理会有更多的机会看到祖国的山山水水。

四年大学生活转眼就结束了，作为系学生会主席，贺军毕业时并未选择读研深造，而是服从分配，回到家乡在一家国企子弟中学当了一名中学地理教师。

在三尺讲台上教书育人是贺军上大学时的职业选择，向孩子传授知识，这个职业的价值也是贺军认同的。但是，在一个县城里当一辈子老师却不是贺军的终极目标。对北京的长期向往，与读研同学的沟通，催生了他进一步求学深造的种子，这颗种子一旦萌芽，就难以遏制地变成行动力。他决定考研。

边工作边准备考研并不轻松。除了挤时间，还面临缺乏信息、缺乏资料、缺乏指导等诸多问题。让贺军印象深刻的是，在风雪中，他骑着自行车到县城图书馆查资料，没有复印条件，只能摘抄卡片，傍晚离开图书馆时，常常是手早已冻僵了。

功夫不负有心人，1992 年，贺军以优异的成绩考取了中国科学院自然科学史研究所的硕士研究生，他实现了去北京的梦想。在中国科学院这个自然科学研究的国家队，三年的研究生学习让贺军增长了新的见识。1995 年，他获得科学技术哲学硕士学位并留所工作。

1996 年，贺军被借调到国家科委（现科学技术部）办公厅调研室工作。科委调研室实质上是一个内部智库，专门从事国家重大科技政策的调查研究。当时，国家刚刚提出“科教兴国”战略，科学和教育领域生机勃勃，迎来了又一个科学的春天，也给贺军提供了用武之地。在科委调研室工作期间，贺军先生服务过宋健、朱丽兰、徐冠华等主要领导，还参与过多项科技政策的调研工作。其中一项比较重要的工作是参与国家制定“973 计划”（国家重大基础科学研究计划）的前期调研工作。1997 年底，他作为调研团队的一员，赴美国和加拿大数十家研究机构进行调研，拜访了数百名研究人员。回国后完成的相关调研报告受到时任国务院副总理李岚清的好评，为“973 计划”的上马提供了有效的决策依据。

在科委的工作虽然只有短短两年，但贺军开阔了视野，他懂得了从国家层面来系统地研究科技政策、参与科技政策制定，并观察和思考科技对国家和地方经济发展的作用，对产业发展的影响。这段经历为贺军以后的研究提供了真实的公共政策背景和视角。让贺军印象深刻的是，他曾在人民大会堂听过朱镕基总理作的一场报告，朱总理分析了当时中国经济发展面临的形势，并详细解释了为什么要在中国推动“分税制”，以及他如何与各省领导做思想工作，让他们支持中央建立“分税制”。彼时，贺军熟悉的领域主要是科技领域，对于经济领域的认识基本上是一片空白。但朱总理讲述的国家经济领域的运行，在贺军面前展现出一个更加广阔的世界。贺军当时并未意识到，这扇被偶然推开的模模糊糊的窗口，竟然会成为他下一个人生阶段所要涉足的职业领域。

时势造就英雄，但英雄只是极少数，更多的情况则是时势会改变普通人的命运。1998年，中央推动一轮规模甚大的政府机构改革，中央机关开始裁员。当时部委的年轻人有三条路可以选择：一是去当驻外使馆外交官，二是去大学攻读硕士或博士学位，三是辞职下海。贺军选择了辞职下海。

当时的中国，正处于改革开放大潮涌动之时，中国在进一步融入世界，一个标志性的事件是，中国决策层正在积极推动中国加入世界贸易组织。在相对自由、市场机会较多的大背景下，贺军机缘巧合地进入民营智库机构北京安邦咨询公司，从此走上了专业研究员的道路。

善向书中汲养分，以文报国著华章

学习能力是人一生发展的重要推动力。贺军说，人生能够向“牛人”学习，你就能飞跃进步。中直机关无论是领导还是一般干部都是优秀分子，在科委调研室工作期间，他很注重观察领导和同事的处事方式，他们渊博的知识、实事求是的工作态度、勇于担当的人格魅力潜移默化地影响了他，极大提升了他分析问题、解决问题的能力。

阅读是他重要的学习方式和工作形态。贺军说，他在文字里泡了大半生。无论是小时候在学校图书室里饥渴地看书，还是在参加工作后抽空看书；无论是在家里还是在办公室；无论是上班还是出差，文字与他如影随形，他不是在阅读书籍，就是在翻看简报、研究材料，在文字里发现信息、研究信息。

在安邦智库工作期间，贺军的一项主要工作是带领团队编写研究简

2010 年 7 月，贺军在美国加州圣莫尼卡参观著名智库兰德公司总部。

报。这需要收集、整理每天发生在世界各地的宏观信息，通过动态监控和甄别，抽丝剥茧地分析归纳，分析隐藏在其中的国际国内政治、经济、金融、产业等多方面的动向，提出自己的判断和预期。多年的浸润之下，贺军对国家宏观经济调控、中国与世界接轨、“一带一路”等方面都有过深入的研究，并形成了建立在独立视角之上的研究分析思维框架。他撰写的许多报告得到中央领导和部领导的批示，他以自己的方式，在国家经济建设中发挥着独特的作用。

2016 年，贺军就中国经济走向进行研究，撰写了《从投资转向消费是一场革命》的文章，提出中国将从投资转向消费的观点。这恰好与党的二十大报告提出的“坚持高水平对外开放，加快构建以国内大循环为主体、国内国际双循环相互促进的新发展格局”高度契合。

党的十八届三中全会召开前夕，全国各个研究机构和智库都在对政策走向进行分析研究。贺军和他的团队预判，市场经济与改革开放是十八届三中全会的重要内容，提出国家在对企业的管理中，不应该管得太具体，而应该着重加强资本管理的观点，主张国家要以确保资本的保值、增值为导向，促进多种经济形态并存的局面。这与不久后党的十八届三中全会《关于深化改革若干问题的决定》中“让市场在资源配置中起决定性作用”等思路不谋而合。

“处江湖之远，则忧其君。”贺军善于从政府关注的问题着手，提出自己的见解，供领导决策参考。

2013年至2015年，中央下拨地方使用的财政资金一度出现了“趴窝”现象，累计有3000亿元资金用不出去。一般的解释把它归于三个原因：一是整体经济增速放缓，经济活跃度降低，导致投资需求不足，地方投融资环境显著恶化；二是地方配套资金的能力跟不上；三是地方官员的懒政现象增加。总之，主要原因都在地方政府。贺军没有简单地附和，而是下沉到山东、云南等地调研，在山东某地，他了解到中央资金都是“戴帽”下达，每个环节都有严格的审计程序，另外，地方还得有配套资金，甚至还得出大头，这就导致出现中央财政资金“不好用”的尴尬局面。在云南某市，他还了解到一个典型案例，有一笔专项水利建设资金在修完河堤的左岸后还有剩余，当地政府就顺带修缮了右岸，结果被视为“过界”使用而进行了审计，受到批评。

因此，贺军发现了中央财政资金存在“打酱油的钱不能买醋”的使用缺陷，他连续撰写了《中央财政资金使用需要改革》《财政资金使用应划清底线，放宽弹性》等文章，发表在《每日经济》研究简报上，建议“公共政策必须考虑适用性和效果，要提高中央财政资金在地方的使用效率，中央财政资金的使用机制需要改革”。“中国经济现在需要放水养鱼，战略的实施、政策的执行也要与此相适应，在守住基本底线的纪律的前提上，适度增大使用中央财政资金的政策弹性。”不久，从中央的一次高层会议上传来消息，“未来使用财政资金‘打酱油的钱可以买醋’”，这一政策的出台解决了中央财政资金“趴窝”的大问题，有力支持了地方建设。

2023 年 3 月，贺军与英特尔公司高管在人民网畅谈科技与制造强国。

面对美国对我国全方位的打压，贺军通过综合研究，2023 年撰写了《中国要警惕“没有中国的全球化”》的文章，他提出，全球化并没有完全死亡，但会出现分化和变异。在未来的全球化中，有可能出现一种“没有中国的全球化”或“中国以外的全球化”。他特别强调，这种格局已经显出轮廓，中国未来所要做的，应该是以发展和开放来化解这种排斥和敌意。中国过去四十多年没有走错路，今后也不能走错路。当今形势比过去四十多年都要复杂和险恶，唯其如此，中国更不能在道路问题上出错。

在后疫情时代如何加速经济复苏，中国如何合法运用军事手段保护海外企业利益等等，贺军都做过深入研究，并提出了独立的观点。

在安邦智库 26 年的专业工作中，贺军做了大量有益的公共政策研究。安邦智库虽然是一家需要自己找饭吃的独立运行的商业研究咨询机构，但很多研究涉及公共政策，与赚钱实际上没有什么关系。在贺军看来，“以专业的态度，做专业的研究，服务公共事务，这是一种把研究文章写在祖国大地上的接地气的‘入世’研究，所体现的就是拳拳报国之心”。

“大胆地闯一下，未知的世界说不定更加精彩。”

——王明洪

王明洪：晶亮世界的火炬手

金成海

玻璃制造行业有个美称叫“晶亮世界”，王明洪称得上是点亮沙洋“晶亮世界”的火炬手。从一个普通的玻璃工人做起，王明洪在晶亮世界里闯荡了40多年，如今，他亲手打造的湖北明弘科技集团有限公司已成为沙洋县第一纳税大户，年纳税额超过2亿元，自己也一跃成为身家过亿的知名企业家。

2024年4月，王明洪在企业办公楼前。

供销员的苦与乐

王明洪本是沙洋县拾桥镇五八村的一个普通农家子弟，中学毕业后，他别无选择地回到乡下，成为责任田里的一名默默无闻的耕耘者。

然而，1983年，一个偶然的机缘，一位熟人把王明洪介绍到荆门县第二玻璃厂（现湖北荆玻集团）当了工人，他的人生轨迹由此发生了改变，那年，他22岁。

彼时，从农民摇身一变成为工人，相当于从地上飞到了天上。王明洪欣喜之余暗自下定决心，一定要好好干，干出一点名堂来。从小父母就告诫他：出门在外，一定要特别努力，不能让别人小瞧了自己。到玻璃厂上班，要从拾桥走到后港，中间隔了一个镇，这是王明洪第一次真正实现了"出门在外"，加上祖祖辈辈都是农民，得到这个工作实属不易，因此，他对这份工作格外珍惜。

当时，工厂正处于建设期，体力劳动重，还要加班加点，但王明洪铆足了劲抢着干，挖墙脚、运土方、搬机械，一样都没有落下风。

进厂后不久，他就给自己定下一个小目标：当厂里的供销员。为了实现这个愿望，他想尽办法自学，充实自己。尽管上班很累，但工余时间他找来书刊报纸，关注企业管理、企业销售，了解形势，增长知识。厂领导注意到，工人们下班后，大多时候不是在闲聊就是躺在床上睡觉，只有一个面庞清秀的小伙子总是在读书看报。很快，厂领导记住了这个小伙子的名字：王明洪。

1984年6月，工厂要在全厂员工中公开选拔2名销售员，虽然王明洪没有做过销售，缺乏实战经验，但他早已从书本上知晓了销售业务的重要性和基本方法，加上他勤勤恳恳的工作态度和不怕劳累的敬业精神，让他从 10 多名竞争者中脱颖而出，如愿以偿地走上销售员岗位。

那时候，做销售是一件苦差事，光是出行就受罪。王明洪主要负责往北方发展业务，他先从后港坐班车到沙洋，再换班车到应城，再转车到孝感，然后在孝感坐火车一路北上。刚刚改革开放，外出的民工多、做生意的多，火车站到处都是人，火车上人挤人，更糟糕的是火车很难买到坐票，十多个小时的行程几乎都是站票，而且中途站点上车大都是翻车窗爬进去的乘客，若困了就爬到座位底下或就地躺下睡一觉，醒来时常常发现别人的臭脚或臭鞋就在自己的头旁边。旅途中吃饭完全是凑合，为了节省差旅费，上火车前买两个馒头就算是一天的口粮了。但是，王明洪乐此不疲，在他看来，既然自己选择了这一行，再苦再累也要扛下去。

玻璃市场竞争非常激烈，王明洪每天背着 30 多斤重的瓶罐样品，穿行于各个厂家。一天跑下来，他累得骨头散架一般，但第二天还要接着跑。功夫不负有心人，当年，他就开辟了 25 个新客户，连续 3 年超额完成了销售任务，成为厂里的销售冠军，被破格提拔为销售部门的负责人。

强将手下无弱兵，王明洪带领的销售员队伍令业内人士刮目相看，赞他们是“金牌团队”。

20 世纪 90 年代初期，荆门县第二玻璃厂产品销售走入低谷，没有现金流，没有原材料，企业处于停产状态。厂领导面对积压如山的瓶瓶罐罐急得跳脚。王明洪带领销售团队发扬“千方百计、千言万语、千山万水、千辛万苦”的“四千”精神，背着 20 多种样品四面出击。他盯上当年央视标王孔府宴酒厂，与另外一名业务员一起，在孔府宴酒厂一住就是 8 天，天天一大早去“堵”厂领导。领导还没有来上班，他们就在办公室门口等待，领导的办公室门一打开，他们就帮忙扫地抹桌子、端茶倒水。起初，厂领导根本就不搭理他们，但是，架不住他们天天如此，厂领导被“磨”服了，也被感动了，终于决定从别的供应商的订单中划出每月 8 个车皮的供货计划。王明洪大喜过望，“每月 8 个车皮”相当于厂里一条生产线一个月的生产量，也让工厂获得了生机。签下合同的当天晚上，王洪明和同伴一起好好地犒劳了一下自己，他俩在一个小餐馆里干掉了一瓶孔府宴，喝得酩酊大醉。

攻下了酒瓶子，等待着王明洪的还有药瓶子。当时，沙市有一家远近闻名的企业叫沙隆达，专门生产农药，对农药瓶子的需求量很大，但当时沙市本地和洪湖等周边县市都有玻璃厂，这些厂具有很强的本地优势。分析了这些情况后，有人失去了信心，说他们要想打进去，比登天还难。王明洪却不这样认为，在他看来，只要工作做得细，还是有机会的。于是，他动用了各种社会关系进行公关，转了好几道弯，终于结识了沙隆达的裴总，他如实介绍了厂里的生产情况并邀请裴总实地考察。裴总也是一位实在人，他特地赶到玻璃厂，从生产线到企业管理都做了仔细调研，证实王明洪所言非虚。百闻不如一见，裴总当场订了一批货。接下来，王明洪加强售前、售中、售后的服务，主动征求沙隆达的意见和建议，用诚信征服了用户，沙隆达最后决定把每年的主供计划划给荆门市玻璃总厂（荆门县第二玻璃厂前身）。

通过一系列的“神”操作，王明洪带领团队终于撬开了市场，让自家的产品走向了全国各地，为企业走出低谷立下了汗马功劳。随后，他毫无争议地走上了厂领导岗位，肩负起了更大的责任。2000 年，他获得了“湖北省乡镇企业供销先进工作者”的荣誉。

创业者的汗与泪

王明洪曾说，人的一生总会遇到那么几个十字路口，如何作出正确的抉择，考验着人的思想和勇气。

如果说入职玻璃行业是王明洪被动接受的话，那么，自我“断奶”、勇敢单飞，是他熟悉了行业特性后作出的一次必然抉择。

2002年，湖北荆玻集团（荆门市玻璃总厂前身）寻求改制。恰逢国家出台了支持民营经济发展的政策，“县域经济民营化”的步伐加快。王明洪精准地把握住了机会，实现了人生的一次华丽转身。

处在企业改革的风口浪尖，已经是荆玻集团常务副总经理的王明洪如果安于现状，谁也无法动摇他在企业的地位，小日子可以过得很舒适。可是，他伴随着玻璃行业已经走过了20年，他深爱这一行，对玻璃行业了解得像玻璃一样透亮。此时的他正值不惑之年，干事创业正当时。他心里仿佛有一个声音在鼓励他：“大胆地闯一下，未知的世界说不定更加精彩。”

当然，他比谁都清楚，选择自己干，不仅要将家里的全部积蓄拿出来，而且还要筹借一大笔资金承包一条亏损的格法玻璃生产线。当他把这个想法告诉妻子时，妻子毫不犹豫地表示了反对。妻子的想法并非没有道理，但王明洪告诉妻子：“我不去盘活这条生产线，将是我一辈子的遗憾！”成功的男人背后一定站着一位贤德的妻子，妻子被王明洪的决心打动了，也把自己绑上了他的“战车”。

经过慎重考虑，王明洪向集团提出承包格法玻璃生产线，成为“第一个吃螃蟹的人”。他的举动成为当时沙洋的一大新闻，有人点头，有人冷笑，褒贬不一。

“开弓没有回头箭。”外界的争议动摇不了王明洪的决心。但是，麻烦很快随之而来。在担任集团领导时，只要把工作安排部署了，具体事情自然有人去落实，现在是为自己做事，没有人可以调用，事无巨细都得亲自去抓。质量、销售、人事、安全、资金等，每一项事务就像一根无形的鞭子，抽得王明洪像个陀螺，一天到晚转个不停。

承包后不久，腊月二十七，兄弟姊妹多的人家早已开始连轴转着吃团年饭了，王明洪却遇上了“连环愁”：仓库里的生产用煤快要见底了，从山西到荆门的运煤车皮还没批下来，最关键的是冬季是用煤旺季，能否买到煤还是一个未知数。眼看着年后生产线就要开工，如果燃料断供那么开工即停工，想要重新点火，可不是一件容易的事。

王明洪急得脑壳上直冒烟。他心一横当即带着在读大学放寒假在家的儿子，天还没亮就出发，晚上赶到山西。正值年关，跑业务的人少，次日一早，父子俩找到煤矿谈妥煤源，紧接着，又经人指点找到车站，述说厂里严重缺煤的实际困难，最后打动了火车站站长，当即给他们临时批了8个车皮。

腊月二十八的晚上下着大雪，车站安排了上煤的铲车，但是车皮上平煤的工人都放假了，王明洪就和儿子拿起铁锹爬上车皮，将货厢内的煤块进行平整，等到装满了8个车皮的“救命煤”，父子二人的衣服全汗湿了，虽然是寒腊月，但他俩身上直往外冒热气。

王明洪的心踏实了。然而在回家的路上，老天爷却在继续考验父子俩。当天，天空飘着鹅毛大雪，路上能见度不到5米，一路上，滑到路边沟里的车辆比比皆是，他们只好借着微弱的灯光，跟随一辆大客车小心翼翼地缓慢前行。本来一天的路程硬是走了一天一夜，两人又饿又累，终于赶在大年三十中午回到家。看见父子俩一前一后进了家门，家里人激动得泪眼婆娑。若干年之后，想起那年的团年饭，王洪明说：“那年的团年饭最有味道。”

经过两年的承包经营，王明洪克服了资金短缺、原材料供给不足等困难，确保生产线稳定运行，也全面掌握了玻璃行业的生产经营门道。2004年，荆门市委、市政府提出“兴工富市”战略，沙洋县委、县政府要求县内重点企业湖北荆玻集团“规范、裂变、提速、发展”。借这股改革东风，王明洪毅然辞去荆玻集团常务副总经理职务，与企业正式脱钩，于2004年7月注册成立了湖北明弘建材有限公司，开启了另一条创新车道。

王明洪在车间检查产品质量。

蜕变中的苦与甜

王明洪信心满满地投入创业中，他和他的公司很快享誉荆门，县人大代表、荆门市创业之星、荆门市劳动模范……各种荣誉纷至沓来。

但是，王明洪没有让荣誉湮没自己，相反，他始终保持着清醒的头脑，时刻关注市场动向和国家产业政策，也坚持不懈地进行自我革新。在短短的两三年时间里，新建和改建了超白、超薄、有色、压花等6条玻璃制品生产线，产品由单一的平板玻璃发展到8大类40多个品种，产量由50万重箱发展到480万重箱，产值由不足5000万元增长到4亿元。

作为一个民营企业家，王明洪的眼睛始终盯着前方，并且尽其所能地提升企业的科技含量。由于玻璃行业面临“原材料涨价、产能过剩、环保苛刻”的严峻局面，2010年，国家启动实施平板玻璃落后产能淘汰计划，逐年下达淘汰指标。此前，王明洪一直在努力引进先进生产线，就是为了避免产能落后，然而，由于客观条件的限制，他还是慢了半拍，没有料到产能升级的时代要求以令人始料不及的速度直逼眼前。

“好不容易打造的玻璃企业，怎么能就这么关了？”王明洪心有不甘。

他在思考，党委和政府也在思考，时任县主要领导鼓励王明洪：“玻璃产业是沙洋唯一源于本土、植根本土的优势产业，如果任其淘汰，沙洋失去的不仅仅是一个支柱产业，还将造成工人失业、税收下滑等各种社会问题，更会严重打击本土创业的信心，给本地经济社会发展造成无法挽回的损失。县委、县政府坚决支持企业转型升级，重塑产业优势。”

这一番话坚定了王明洪转型升级的信心。他召开董事会统一思想，厘清思路，组织专班到外地学习考察、调研市场需求，邀请武汉理工大学、秦皇岛玻璃工业研究设计院的专家教授研判玻璃行业发展趋势，正确分析自身的优势和不足，最终作出了做大做强浮法玻璃的重大抉择。

当时，浮法玻璃是个新玩意儿，之前王明洪从未涉足过。

一切重新从头开始。技术、资金、人才、管理……再次犹如一堵堵墙挡在了王明洪面前，很多朋友劝他放弃，因为，这是几个亿的投资，一旦有闪失，后果不堪设想。

在市、县两级党委政府的大力支持下，明弘科技集团成为沙洋玻璃专业转型升级的探路者。2011年，县政府出让近千亩荒地作为厂房建设用地，开始了第一条新型浮法玻璃生产线的建设。王明洪不敢大意，合同竞标、材料采购、现场施工、质量监督、安全管理……他都亲力亲为，与施工人员一起每天干在工地，睡在工棚。那年八月天气特别热，有工人打趣说，把鸡蛋放在地上不出2分钟就烤熟了。但王明洪仍身先士卒。有一天，在乡镇工作的儿子到县里开会，利用午休时间去探望王明洪，工地被太阳晒得像蒸笼，到处是砖头、石块、水泥，他在一辆翻斗车下找到父亲，见他躺在一张凉席上酣然入睡，那一刻他才知道，父亲有多么拼，多么辛苦。

一分耕耘一分收获，经过两年的建设，曾经一片荒芜的土地上建起了厂房，一条现代化的玻璃生产线于2013年3月正式投产，解决了一千多人的就业问题。2014年，王明洪乘势而上，启动了第二条生产线的建设，顺利投产后，实现年产优质浮法玻璃1030万重箱。王洪明马不停蹄，抢抓市场机遇，不断延伸产业链条，先后建成两条Low-e玻璃深加工生产线、两条制镜玻璃生产线、一条特种汽车玻璃原片生产线，年产镀膜玻璃1200万平方米、制镜玻璃1000万平方米，汽车玻璃原片210万重箱，填补了湖北省汽车玻璃原片生产的空白，一举跨入高端玻璃行业领域。紧接着，王明洪花费8亿元引进德国技术，建了一条拥有国际先进水平的特种汽车玻璃原片生产线。

明弘科技集团的成功转型得到各级领导的高度称赞和肯定。疫情期间，时任省委书记专门到明弘集团看望一线职工，勉励王明洪把企业做大做强。

岁月流逝，数字为证：

2017年，王明洪的企业首次跻身“湖北省民营企业制造业100强”；

2021年，王明洪的企业纳税2.1亿元，成为沙洋第一纳税大户；

2022年，明弘科技集团已拥有浮法玻璃、镀膜玻璃、汽车玻璃、轻量化玻璃包装、制镜玻璃、耐火材料等10条生产线，总资产30亿元，年产值35亿元，职工1200余人，成为高新技术、专精特新“小巨人”、隐形冠军企业。

王明洪在做大做强企业的同时，没有忘记企业家的社会责任。他常说：“是党的好政策成就了我的事业，我要勇于担当，努力回馈社会。”他先后向红十字会、慈善总会、青少年发展基金会等慈善机构捐款；赞助沙洋半程马拉松、油菜花节、运动会、社区广场舞等活动近 300 万元；乡村振兴、抗洪救灾，抗击疫情、扶贫助困、光彩事业、“万企兴万村”等活动都少不了他的身影。他设立关爱基金，关爱留守儿童，奖励职工子女上大学，资助贫困职工家庭，开展职工及家人大病救助；还出资 1000 万元成立了明弘教育基金会，用以支持沙洋教育事业。

2020 年 9 月，王明洪（右三）向来明弘集团考察的时任湖北省委书记任勇（右二）介绍生产情况。

回望奋斗历程，身为湖北明弘科技集团有限公司党委书记、董事长，王明洪思考得更多的是要立足新时代发展理念，推动明弘集团向科技、环保、智能变革，打造资源节约型、环境友好型的“百亿玻璃产业集群”，让晶亮世界变得更加晶莹剔透。

“把肉牛产业做大做强，同时带领乡亲们脱贫致富，这是我成就感最强的一件事。”

——刘　波

刘波："牛气冲天"的逐梦人

彭永锋

从一名寻找梦想的大学毕业生到沙洋县汉江牛业发展有限公司创始人；从毫无种养殖经验和专业知识的门外汉到"荆荆宜恩"区域农民高级畜牧师；从年年亏损到年产值5000多万元，拥有800亩繁育基地、10栋共2万平方米的标准化牛舍、1500头西门塔尔种牛，刘波用10年时间，将自己创办的汉江牛业发展成为湖北省唯一一家西门塔尔牛国家级核心育种场，全国七家肉用西门塔尔种牛供应商之一。

摸索前行寻找目标

要一个什么样的人生？这始终是困扰年轻人的问题之一。

2008年从湖北工业大学毕业时，刘波想过去南方，也想过去北方，就是没有想过留在中部地区。在他骨子里，男人应该去闯荡。在同学的影响下，刘波最终选择去了北京，成为一名北漂。很幸运的是，刘波在北京很快找到了一份薪资较高的工作，进入上市公司北京江河幕墙实业从事与他大学所学工程管理专业相关的施工现场管理员。一年十多万元的工资，几乎碾压当时北京百分之八十以上的务工人员。

凭着出色的专业知识，一年后，刘波得到升职机会，并调到上海工作。稳定的工作，不菲的收入，良好的工作环境，一度让刘波觉得很满足，他甚至多次去看过外滩的房子，有父母的支持，全款拿下一套房一点压力都没有。

难道就这样按部就班地生活吗？如果不去拼搏，哪怕一次，自己的人生算得上圆满吗？老了会后悔自己蹉跎了一生吗？父亲把他一生创业积累的资金给了我，是让我享受生活的吗？很多个夜深人静的时候，刘波一次又一次地向自己发出灵魂拷问。

经过深思熟虑，刘波找到了自己想要的答案，他要像父亲一样去创业，去做实体，去开疆拓土，去打拼属于自己的事业。2011 年 10 月，刘波瞒着亲友作出了一个重要决定，他辞职了。

这一次“血脉觉醒”，让刘波的父亲刘执元大为光火。经历过创业磨难的刘执元显然不希望刘波重复自己的道路，有一份前景看好、收入优渥且相对稳定的工作，是他对刘波的期望。

然而，在刘波看来，他之所以不安分，恰恰是深受父亲的影响，父亲在他心目中就是偶像级的存在。

当年，在马良镇花立村务农的刘执元刚刚成家，不料，一场洪水袭来，家里的房屋坍塌了，使得本就贫穷的家庭雪上加霜。但刘执元遇挫弥坚，洪水退后，他拜师学习泥瓦技术，在砌房子的过程中，他看到了水泥预制品的广阔市场前景，便果断创办家庭预制厂，后来又承包了沙洋县建委下属的汉江预制厂。虽然也曾一度陷入经营低迷期，但刘执元从不轻言放弃，而是用汗水加智慧苦心经营，最终从一个农民变成一位小有名气的企业家，而他的经历也深深影响了刘波的成长。

刘波的决定无可阻挡，他与女友携手返回武汉，先后进入两家公司工作考察。

在众多项目中，刘波对创办肯德基加盟店产生了一定的兴趣，先后多次在钟祥、京山、沙洋等地实地考察，并对接武汉百胜公司商谈具体合作细节。当时肯德基仅开店到地市州城市，尚未向县级城市发展，但刘波特别看好在钟祥开店，并实地考察选定了店址，与肯德基市场拓展部门也谈得差不多了。肯德基店当时的加盟费是 800 万元，几乎是刘波父亲给他的创业基金的全部了，把这些钱投进去，成本回收期不会很长，收益也很稳定，几乎可以躺赢挣钱。但刘波反复思考，总觉得办加盟店让自己少了一些什么，用别人的厨师、原材料、统一的店面、统一的管理制度、统一的采购、统一的服务生着装，这叫创业吗？只能叫投资，且没有一点挑战性。最后一刻，刘波踩了刹车，毅然放弃了这个非常好的挣钱项目。后来其他人投资的钟祥肯德基店在他考察的店面位置开业了，仅 2011 年营收就超过了 1000 万元。

在汉江牛业创业困难期，刘波想起曾经放弃的肯德基加盟店项目，也有过一丝悔意。“可是，如果时间可以倒流，我想我还是会这样做。”这就是人生。一个人在特定时期，会受到很多因素的影响而作出某种决定，这种决定是不可逆转的。影响刘波作出决定的因素同样很多，唯有一条很重要——他骨子里不甘平庸的人生追求。有了这种信念支撑，他所有的选择都不会是偶然，成功也将是必然。

种牛养殖业的“闯入者”

那两年，刘波和女友在全国各地到处考察找项目。

2012 年 6 月，刘波与女友驾车在新疆连霍高速公路上偶然看到一个广告牌，“中国牛业大会在新疆呼图壁召开”。这一则信息吸引了刘波，抱着多了解信息、学习新知识的想法，刘波与女友决定去参加会议，了解一下农业养殖，特别是养牛业的现状，前景如何。

“非常幸运能够参加这次会议。”如今刘波回忆当初，依然觉得看似偶然，实则冥冥中有一种力量在推动着，让他顺势而为。

刘波从大会上了解到我国肉牛产业存在牛源数量急剧减少，北牛南运风险大、价格高等问题，在南方城市，牛肉销量占全国市场的60%，但南方的肉牛养殖仅占全国养殖总量的30%。

综合这些信息，刘波马上想到地处全国中部的老家湖北沙洋，如果发展牛业养殖并做大做强，将会起到一个承北启南、横贯东西的中轴作用，其发展前景不可限量。

经过进一步考察，他发现了更多利好条件。比如，沙洋地区稻草、玉米秆等秸秆资源非常丰富，具备养殖业比较优势，买一吨稻草在重庆要达1100元，基本上是外地运入，但在沙洋本地仅需要400元左右。

通过反复思考，刘波决定回老家养牛。当他把这一决定告知父母时，一向开明的父亲虽然不看好，但也支持他的决定。

2013年5月，刘波注册成立了沙洋县汉江牛业发展有限公司，主打发展种牛养殖，占据肉牛养殖的上游市场。

创业不可能一帆风顺。失败是成功之母，但失败过于刻骨铭心，还是让人难以招架。

一个学习工程管理的大学毕业生，养牛可谓是“小白”，刘波并没有盲目单干，他找到时任沙洋县养牛协会会长、荆门科牧牛业有限公司董事长刘兵，拜师学艺并盛情邀请他加盟自己的公司，合作养殖种牛。

彼时刘兵的养殖场已经小有规模。他从2005年开始创办科牧牛业，积累了一定的管理和养殖经验。在刘兵的帮助下，刘波的公司从选址到修建厂房，都十分顺利。

2013年9月，刘波建好第一栋牛舍，花100多万元一次性从吉林引进了150头西门塔尔母牛。然而，由于缺乏经验，150头母牛在短短的2

个月内全部死亡。100 多万元的真金白银就这样“打了水漂”，那种命系悬崖的心情、泰山压顶的压力、撕心裂肺的悲痛，是外人无法想象的。那段时间，他整天把自己关在牛场里，茶不思饭不想，闷闷不乐。

痛定思痛，刘兵和刘波仔细分析了两人在一起合作的利弊，经过慎重考虑，刘兵决定撤股，退出合作。

“刘兵是我进入养牛行业的领路人，是师傅。他退出合作后，有什么问题我请教他，他都是有问必答，从不保留。”对刘兵，刘波一直感念在心。

2015 年 10 月，刘波东借西扯 500 多万元，从澳大利亚引进 100 头纯种西门塔尔母种牛，成为湖北省第一家从国外引进种母牛的企业。

正当他从挫折中缓过一口气，一切朝着好的方向发展时，2016 年 7 月，马良地区遭受特大暴雨袭击，24 小时降雨量达到 830 毫米，汉江水位上涨，内涝外患，汉江牛业种植的 800 多亩饲料玉米地颗粒无收，种牛也损失 40 余头，直接经济损失 200 万元。

连续的打击让公司举步维艰，从 2013 年到 2018 年五年中，一半以上的时间，刘波不是在借钱，就是在还钱的路上。他的笔记本后半部分十几页，密密麻麻记着当时借钱还钱的明细，有亲戚、朋友、同学，一万、两万、二十万，甚至几百几千也借，为了确保现金流，他甚至被迫办了十几张透支卡，循环刷卡透支。

谈及那些年的坎坷，刘波直摇头……

借力借势 “贵人”相助

“只要坚持，梦想总是可以实现的。”刘波的办公室挂着这句他十分喜欢的话，他坚信：坚持就是胜利。

把一粒粒精卵变成一头头牛娃，用什么饲草？牛群怎样管理？系谱怎么建立？性能如何测定？牛病怎样防治？这些都需要专业知识，都需要“贵人”的帮助。

除了将其引进门的师友刘兵，刘波还有很多“贵人”。

2014 年 9 月，湖北省育种中心专家杨代清进驻汉江牛业，现场指导人工授精，自此，汉江牛业成为全省畜禽育种中心人工授精培训基地，不仅为公司培养了大批人工授精的技术能手，也为公司敞开了一扇大门，让社会上更多的养牛业主知晓了刘波和他的汉江牛业。

随后，华中农业大学来到汉江牛业，建立了院士专家工作站，一年 4 次免疫和 8 次监测，确保了牛场安全无疫；荆门市农技推广中心指导种植专用饲料玉米 8000 余亩，修建青贮池 1.6 万立方米，解决了养殖饲料不足的难题……

2024 年 7 月 11 日，农业农村部全国畜牧总站党委副书记李新一（中），湖北农科院副院长余锦平（左一）到汉江牛业调研。图为刘波（右）向两位领导介绍公司发展情况。

从中央、省到市、县，每一级的畜牧兽医专家都汇集到了汉江牛业。大到选育方向、育种目标，细到精液的选择、育种方法和技术路线制订、各性状性能评价测定、饲养管理、档案管理，逐一由专家审核把关，逐项由技术人员实施，定期检查，适时指导。

市、县两级畜牧兽医部门带着刘波跑省进京，2015 年 12 月，汉江牛业与中国农科院北京畜科所签订了技术合作协议，作为参与单位培育出具有自主知识产权的肉牛新品种“华西牛”。通过市畜牧兽医发展中心的牵线搭桥，省畜牧兽医局草业处和育种中心专家入驻牛场，为牛场的基础设施建设规划及饲养思路等提出改进意见。

有“贵人”的帮助，刘波如虎添翼，企业逐渐步入正轨。

“牛气冲天”闯出一片天

一头肉牛的市场价在 2 万元左右。如果有人告诉你，刘波的一头公牛卖了 40 多万元，你会信吗?

“这是真的。”说起那次全国种牛拍卖会，刘波微笑的脸上洋溢着自豪。他介绍说，一头种公牛可以采集三万支冻精，产值在三百万元以上。种公牛的各项指标越好，拍出来的价格就越高。

在荆门这个中部城市育出国内顶级种牛，十年前大部分人会说这是痴人说梦。的确，当时荆门的肉牛养殖规模不大，缺乏养殖基础，缺乏养殖技术，更别说养殖价格高昂的种牛。

然而，这种不可能被一个没有任何农业种养殖经验和专业知识的大学生创业者，用十年时间“逆天改命”。刘波从创办汉江牛业开始，就站在肉牛养殖业的制高点。当初他眼中的肉牛养殖上游市场——种牛养殖，不承想几年后却是国家畜禽发展的战略重点。他的成功，任何一个从事养殖业、更或者说从事畜禽种质培育的内行人都会觉得不可思议。但是，了解刘波的人都很清楚，他的每一步都踏得坚实而有力：

2016年—2017年，汉江牛业为种牛建立了系谱档案，并进入国家西门塔尔育种联盟。这意味着，国内有购买需求的商家，只要打开相关专业网站就能查到汉江牛业种牛的信息。

2018年5月2日至8日，国家肉牛遗传评估中心专家到汉江牛业开展生产性能测定、体型外貌评级，并采集血样进行基因组遗传评估。很快，这头选育的西门塔尔种公牛在全国种公牛拍卖会上获得CBI单项冠军。从这一刻起，汉江牛业选育的种牛正式进入国内牛业市场顶级圈。

2019年，第二届全国种公牛拍卖会上，汉江牛业参与拍卖的5头种公牛，有两头分别获得GCBI组（中国肉牛基因组选择指数）银奖和体型评分组银奖。

2021年9月，汉江牛业中标甘肃省家畜繁育改良管理站种公牛站引进种公牛采购项目，共销售18头种公牛，总价125.8万元。这是湖北省肉牛企业首次参与且中标国内种公牛站公开招投标项目。

2021年12月，汉江牛业依托中国农科院承担的国家畜禽良种联合攻关——“华西牛”肉牛新品种通过审定，打破我国主要品种种牛依靠进口的局面，很好地解决了肉牛种质“卡脖子”的问题。

2023年8月，农业农村部公布全国仅有的两家华西牛国家级核心育种场，一家位于牧区内蒙古乌拉盖，另外一家便是刘波的汉江牛业。

近几年，刘波的汉江牛业已向全国各地推广种牛1000余头，销售胚胎5000枚，改良地方母牛100万余头。以汉江牛业为主的湖北省肉牛核心育种群数量已位居全国第三位。

目前，汉江牛业不断发展壮大，成为畜牧业高科技企业，被授予“部级畜禽养殖标准化示范场”“西门塔尔牛和华西牛国家级核心育种场”“荆门市农业产业化重点龙头企业”，先后两年在全国种公牛拍卖会上获得冠军牛和银牛奖项。

在汉江牛业公司胚胎实验室，刘波与科研人员分析供体牛血样数据。

用真情回馈社会

每个月的月初，村民钟某夫妇看到短信提示到账的5000多元工资，脸上就会溢出幸福的笑容。多年前，钟某不幸患上尿毒症，生活举步维艰，被评为贫困户。得知钟某的难处，还处于创业起步阶段的刘波多次上门帮扶，吸纳他和妻子到养殖基地打工，给他们安排了力所能及的工作。有了固定收入，这对苦难的夫妻重新拾起了美好生活。

在马良镇，像钟某这样的受到刘波帮扶的贫困户有20余户，直至脱贫，他也未曾停止过帮助他们。

“把肉牛产业做大做强，同时带领乡亲们脱贫致富，这是我成就感最强的一件事。”刘波是这么说的，也是这样做的。他积极与镇政府对接，以汉江牛业公司为依托，通过多种形式带领乡亲们脱贫致富。

这完成脱贫攻坚的历史使命，刘波宁可自己苦一点，困难多一点，也坚定地带领贫困户往前走。他采取入股分红的方式增加贫困户收入，34户贫困户年均增收1000元。

公司成立以来，刘波坚持在周边乡村收购青贮玉米，并与相关合作社签订收储协议，鼓励村民种植青贮玉米1000多亩。公司免费发放青贮玉米种子，以每吨高于市场价20元的价格收购青贮玉米，相关农户亩产增收300至500元。公司还连续4年举办专题培训班，在技术上“传帮带”，切实降低群众养牛风险，累计接待养殖户1000人次到科普基地参观学习，培养养殖户、牛品改员300多名，并协助技能鉴定考试者取得中级、初级证书。公司在劳动用工中，以每人每天高于市场价格20元的工资优先接收有劳动能力的困难群众务工。此外刘波还热衷公益事业，先后向沙洋县慈善总会、沙洋县红十字会、马良福利院捐款10余万元。

逐梦前行的路上，刘波赢得了社会的认可。他现在是荆门市人大代表，先后被评为湖北省农村实用拔尖人才、荆门青年五四奖章标兵、荆门市十佳产业扶贫带头人、荆门市第三届把关人才、荆门市创业带头人、荆门市优秀共产党员，2021年8月获评高级畜牧师。尤其是2021年荣获“全国乡村振兴青年先锋”荣誉称号，2024年荣获中国农业科学院“杰出科技创新奖”。

如今，刘波把眼光盯在了湖北华西牛育繁一体化建设项目上。项目总投资8000万元，包括新建华西牛国家核心育种场、国家后备公牛场、华西牛胚胎工程中心、采精种公牛站，项目建成后将实现年收入8000万元。

“只要利用一万小时，专心学习一门技术，就一定能成为行家里手。”

——王锦峰

王锦峰：独辟蹊径向巅峰

金成海

不到广东东莞，不见到东莞市神州视觉科技有限公司董事长王锦峰，还真不知道湖北省沙洋县有这么一个“牛人”：他大学毕业时放弃国家分配的工作，南下广东白手起家创业。2003 年，他研制出中国第一台自动光学检测设备“ALeader”，改变了 SMT（Surface Mount Technology，表面贴装技术）检测的工作方式，突破了西方国家的技术壁垒。经过 20 多年的创新发展，如今他的企业已经成为全球领先的 AOI 企业之一。

科技情节，缘起泥巴坨

人的爱好可能与生活环境有关。有时，这种由环境催生出来的爱好，会以先入为主的姿态影响人的一生。王锦峰的经历似乎就印证了这一点。

王锦峰出生在江汉平原农村，那里有丰厚的水草，有海量的黄泥与沙土。他的童年与所有农村同龄人的童年一样，因为大人要出工挣工分，没有时间也没有条件娇惯他们，一个小孩子就是一株野草，自由地生，自由地长；而从小与泥巴为伴的他，又长出了与同龄人不一样的童年。

在王锦峰的童年，拖拉机是稀罕物，是他见过的最现代化的东西。离他家不远有一条土路，他第一次看到拖拉机驶过的时候就对它产生了浓厚的兴趣。有一年夏天的某一天，生产队的棉花长势喜人，硕大的叶片在风中摇曳。太阳落山了，王锦峰的父母收工回家时发现小王锦峰不见了，问其他孩子，他们连连摇头都不知道他去了哪里，这可把父母急坏了，水塘边、沟渠上，凡是有危险的地方都找遍了，最后，王锦峰自己从棉花地里钻了出来，手里竟然拿着一个用泥巴捏成的拖拉机模型。原来，棉花叶掩盖的土地是湿润的，他躲在棉花叶下忘我地造车呢！看到儿子捏的拖拉机像模像样，父母亲都惊讶得忘记责怪他了。

或许科技的种子就这样在他的脑海里发芽了。王锦峰对于动手搞制作产生了浓厚的兴趣，用纸叠个飞机、火箭成为他的家常便饭。他经常把父亲的一只计算器拆了装，装了再拆。

强大的动手能力对学业起到了促进作用。小升初考试，王锦峰的成绩位于全班第一，被乡里“掐尖子”掐到了乡办初中读书。在初中，他迷上了物理和化学，尤其喜欢做物理实验。但一个班级四十多人，一次物理实验下来，远远解不了王锦峰的“渴”。于是，他跑到乡卫生院的垃圾堆里去捡划玻璃药水瓶的砂轮，用来做物理实验。因为喜欢做实验，任课老师朱清廉干脆把实验室的钥匙交给他保管。

良好的学习习惯，成就了一个学霸。中考时，他又考了全校第一，被省重点高中荆州中学录取。高中阶段，他多次参加全地区和全省物理竞赛，获得了前五名的好成绩。

辞职下海，闯出新路子

决定人生的紧要关头不多，在紧要关头作出正确选择，则犹如在刀尖上跳舞，每一步都得小心翼翼地踩上节拍。

对于王锦峰来说，选择同样也是艰难的。1986 年高考前夕，他婉拒了某重点大学免试入学的橄榄枝后，参加高考并且考出了589分的高分，他原本报考北京航空学院，但有老师建议他报考中国人民解放军国防科学技术大学，听到“国防”二字，他心跳加快，血脉偾张，于是，他以报效祖国、献身国防之志，走进了中国人民解放军国防科学技术大学。

大学毕业时，有好几个单位供他选择，他选择了一个以数字为代号的单位。但报到后才知道，这是一家后勤部门的服装厂，他的工作就是每天把白纱染成草绿，与高能物理专业的巨大反差让他难以适应这项工作。不久，《南方讲话》发表，让王锦峰看到了一个新时代来临的曙光，经过激烈的思想斗争他选择了辞职，南下广东。

然而，理想很丰满，现实却枯瘦如柴。王锦峰遇到过无数白眼，遭受过无端辱骂，睡过桥洞，吃的是最便宜的路边店的饼子，仅有的400元钱很快就用得差不多了。更可气的是，不少企业不是嫌他没有文化，而是嫌他文化太高，因为，劳动力密集型企业需要的人只要有初中甚至小学文凭就可以了。

天无绝人之路，窘迫之中，他在报纸上看到了港资企业爱高电子厂的招工启事。他抱着试试看的心态，找到这家工厂递交了简历。不久，有一位高管来面试，高管问他对月薪有什么要求，他在心里掂量了好一会，咬牙报出800元，对方以一种不可捉摸的眼光盯着他，盯得他腿肚子都在打哆嗦，王锦峰心想我是不是报高了？于是他又连忙表示600元也可以。对方想了想，一本正经地说：“我给你1200元的月薪，你马上入职吧。”这突如其来的好事，犹如天降馅饼，可把王锦峰高兴坏了，因为当时他在内地的月工资也就只300元左右。

王锦峰最大的特点就是不甘于现状，有了这种精神就有了永远前行的动力。他的心里，有一个“一万小时定律”：“只要利用一万小时，专心学习一门技术，就一定能成为行家里手。”当时，计算机是热门技术，于是，他买来计算机专业书籍，利用工作之余刻苦钻研，一下子把自己的技术水平从十进位制提升到二进位制，并开始编写程序在市场上销售，获得了额外收入。

独辟蹊径，稳步向巅峰

有人说，奋斗者多，成功者少。这话一语道破了创业之不易。那么，作为众多创业者之一，王锦峰为什么能够独领行业之风骚呢？

答案只有一个字：拼。

话还得从王锦峰打工的爱高电子厂说起。这是一家以生产 DVD 产品为主的电子企业，产品是由一个个电子元件组成的，把这些元件集中在一起的部件叫电路板，是产品的核心部位，如何确定电路板的质量是否合格？最初，是由人工对电路板进行测试，不仅效率低下，而且人力成本高。后来西方发达国家发明了“AOI（Automated Optical Inspection）”，中文全称“自动光学检测”，是一种基于光学原理对焊接生产中遇到的常见缺陷进行检测的设备。AOI 不仅检测合格率高，而且大大降低了人力成本。

在普通人眼里，AOI 很神秘，很高端，而且价格十分高昂，每台价格高达 100 多万元。彼时，中国电子工业方兴未艾，电子厂家多如牛毛。每年，西方发达国家仅 AOI 这项设备从中国赚取的利润就是天文数字。刚入厂时，王锦峰没有意识这一点，等他熟练掌握了操作程序，特别是熟悉了计算机编程以后，他觉得 AOI 其实并没有什么了不起，反而感到了任人宰割的耻辱，那是一种技不如人的耻辱，尤其是在与林则徐虎门销烟之地咫尺之隔的长安，这种耻辱感格外强烈！

耻辱感促使他对自己的知识储备进行了一遍又一遍的梳理，在他确定达到了“稳定值”后，他作出了一个大胆的决定：辞职！

身边的人都觉得不可思议，因为他已经坐上了高管的位置，薪金待遇自不必说，所有的努力不就是为了日子过得舒坦些吗？但是，耻辱感就像一根鱼刺卡喉一样，不抠出来，王锦峰就不舒服！

王锦峰辞职后成立了神州视觉科技有限公司，他租了一间房子当工厂，搞产品开发。为了制造出第一台检测仪器，他投入了全部的精力。回忆起那段经历，公司副总经理严昌盛用三个成语进行了描述：夜以继日、废寝忘食、蓬头垢面。许多的细节都隐藏在这12个字里，所有的辛苦也融在这12个字里。特别是图像判别，从底层算法开始，先后尝试了20多种不同的方法，都突破不了检测速度和判断准确性方面的障碍。面对一次又一次的失败，王锦峰没有放弃，而是以科学的态度大胆探索，小心求证。终于在2003年10月建立了一个数学模型——“统计建模技术”，突破了图像处理这个瓶颈。第一台设备样机经过反复试用，其性能比进口产品丝毫不差，成本也低得多。

王锦峰感到了前所未有的成就感。因为，他研发制造的国内第一款民族品牌的AOI设备ALeader系列，在SMT领域打破了外国产品在中国的垄断，中国AOI市场由外国30多个品牌瓜分的历史得以终结。

但是，攻坚的脚步还只是迈出了一步。AOI分为两种：一种是线下的，王锦峰研制的就是这一种；另一种是线上的，也就是直接安装在生产线上的，使用起来更便捷。接下来，王锦峰就向着线上AOI发起了冲刺。

历尽千辛万苦，2007年，王锦峰终于造出了第一台线上AOI，再次引起业界轰动。经过激烈的市场竞争，这款产品一举拿下广东最大的一份订单，首战告捷。

王锦峰常说，企业的目的不只是赚钱，而是要打造百年老店，只有科技的不断创新，才能永远立于不败之地。

从开始创业的那一天起，王锦峰就养成了关注科技动态的习惯，每天收看科技新闻，至少阅读 10 篇科技论文，从中获取信息，发现市场需求，开发与市场相适应的产品。多年来，他形成了“销售当下产品，储备替代产品，研发下一代产品”的产品创新格局。

2006 年 1 月，在神州视觉新产品专家鉴定会上，王锦峰（前排右三）作技术交流。

2012 年，已经在业界享有盛名的王锦峰应邀赴欧洲某国参加 AOI 产品展示会，在展示中，有一款概念设计——3D AOI 引起了他的注意。3D AOI 是针对现有 AOI 产品提出的，它采用全方位扫描建立起多维图像，通过分析研判形成立体监测效果，而且剔除了生产线—检测点—生产线的工序，直接安装在生产线，实现全自动化检测。

王锦峰敏锐地意识到业界的革命性时代已经来临。回国后，他一头扎进 3D AOI 的研究之中。那段时间，他把自己关在屋里，不知道天地日月，不知道饭菜香否。直到 2016 年 9 月 26 日深夜，严昌盛接到了王锦峰的电话："搞点酒吧！"严昌盛知道，他成功了！

王锦峰研发出 3D AOI 后，产生的市场影响力可谓石破天惊，华为、富士康、台达、比亚迪这些电子行业的"巨无霸"都把神州视觉的产品列入合格供应商的名录，每年产生上亿的订单。与此同时，神州视觉"借船出海"，借助这些企业的国外销售渠道把产品销往了国际市场。

家国情怀 报恩以涌泉

神州视觉的横空出世，给 AOI 行业带来了新活力和新源泉，其产品不仅科技含量高，而且简易、快捷、方便、实用，最让人震惊的是价格便宜，这引起了国际同行业大佬们的恐慌。

正当神州视觉以"滚雪球"的方式逐步占领市场之时，有着"AOI 之父"之称的某西方科技巨头提出以 6000 万美元的价格收购神州视觉，并将位于东南亚某国的一座岛屿赠送给王锦峰个人，并许以高额年薪，条件是他为其公司进行产品研发。

面对巨额财富和诱人的条件，王锦峰这位从穷乡僻壤走出来的农民的儿子，深知其背后的用意，他淡然一笑，说："神州视觉是我们中国的企业，我们的产品是民族品牌，我本人哪里也不会去。"寥寥之言，道出了他朴实的家国情怀。

熟悉王锦峰的人无不称赞他"心地特别善良"。

他有一个做人原则，凡是遇到落难者能帮尽量帮，不要让自己当年的遭遇在后来者身上重演。同时，他在力所能及地回报社会。

2011 年 6 月，他主动向母校荆州中学阳光班奖学金捐资 15 万元，激励莘莘学子通往成功大道……

2020 年，因疫情原因，公司一半员工无法到公司报到上班，他当即作出决定，不辞退一名员工，对无法上班的员工每月发放一半的工资，直至他们正常上班。

2022 年，他得知家乡姚集村九组由于没有路灯，晚上加班归来的务工者多有不便，他悄然出资 5 万元安装了路灯。

2024 年 8 月，王锦峰在实验室调试产品软件。

创业 20 多年来，王锦峰付出了很多，也收获了很多。他先后荣获“东莞市科技进步奖一等奖”、“广东科技创新人才”、“广东特支计划”科技创业领军人才、“全国自主创新奖”、“中华成就奖”、“SMT CHINA 远见奖”等荣誉，拥有各项发明专利 59 项。《人民日报》曾以《神州视觉总高端》为题，详细报道王锦峰的事迹。

如今，独辟蹊径的王锦峰依然在向事业的巅峰跋涉着……

“德不配位，必有灾殃。”

——付剑平

付剑平：第一时间走进雷神山

范洪涛

付剑平打小就崇尚英雄豪杰，也是小伙伴眼中的孩子王。少年初长成，他走进军营，成为一名真正的军人，圆了自己心心念念的军旅梦。转战商海，他“仗剑”走天涯，几经沉浮，凭诚信，凭实干，还有那份自然流露出的豪迈之气，终于搏出了一片天。

临危受命，他率千名员工成为“最美逆行人”

2020 年 1 月 23 日，农历腊月二十九。

晚上九点多钟，付剑平的手机突然响了，接通电话，一个熟悉的声音传进耳朵：“老付，你在哪里？请连夜组织工人参加火神山医院建设！”说话人没有寒暄，直奔主题，也不容付剑平分说，就像下命令一般。

打来电话的是中建三局中南公司副总经理蔡明利。原来，为抗击突如其来的新冠疫情，武汉封城后，武汉市抗疫指挥部决定借鉴 2003 年北京抗击非典修建小汤山医院模式，在蔡甸区紧急修建一座火神山医院，专门用于集中收治新冠患者。作为火神山医院建设项目的牵头单位，中建三局自然而然地想到了有着长期良好合作关系的湖北含璋建设有限公司，于是，便把电话打给了含璋公司董事长付剑平，通知他迅速调集 200 名建筑工人，赶往施工现场。

疫情紧急！放下电话，军人出身的付剑平敏锐地意识到这项工作的重要性，他特地询问是否需要他本人赶回武汉，蔡明利考虑到封城情况下出行不便，便让他在家里遥控指挥。

付剑平赶紧拨通了公司相关经理的电话，有条不紊地给各位经理发出了一条条指令：迅速与已返乡过年的湖北境内的民工取得联系，耐心地劝说他们返回武汉；租借大客车，设定交通线路，领取特别通行证，约定上车时间和地点，沿着国道和省道收拢民工送到火神山医院工地。

安排好相关工作，已近子夜。但付剑平一点睡意都没有，他守着两部手机，不停地追踪工作进展。

24 日中午，从荆门、仙桃、黄冈、咸宁等地紧急招募而来的民工共 200 多人，在 10 位管理人员和骨干的带领下陆陆续续按时赶到了火神山医院施工现场，这令建设指挥部负责人大喜过望，蔡明利特地给付剑平打来电话："老付，我就知道你行!"

在仅有的两天工期内，付剑平遥控指挥他的团队圆满完成了基础工程、板房混凝土浇筑、箱式板房骨架安装等工作任务。

25 日晚上 10 点多钟，付剑平的手机响起微信提示音，他打开一看，是一份抗击疫情特别通行证，紧接着，蔡明利的电话打了进来："老付，请再组织 800 人的队伍，务必于明天赶到江夏区参加雷神山医院建设，而且指挥部要求你本人必须在天亮之前赶到工地。"

原来，几乎就在建设火神山医院的同时，武汉市防疫指挥部又作出了一项决定：为更有效地抗击新冠疫情，集中收治更多的新冠患者，由中建三局作为建设项目的牵头人，在江夏区再建一座小汤山式的医院——雷神山医院。而且，与火神山医院相比，雷神山医院规模更大、标准更高、工程更复杂。因此，中建三局直接点了付剑平的将。

没有推辞，付剑平再次拨通了所有经理的电话，要求他们依照招集火神山医院建设队伍的办法，再组织调集800名工人，按时赶到雷神山医院工地。

安排完工作，在妻子和儿子关切的目光中，付剑平独自走出家门，开车直奔武汉。大约一年后，回忆起当天晚上付剑平出发的情景，他的儿子付含璋动情地说："以前只在新闻里听说过'最美逆行人'，但看着他走出家门时的背影，那一刻我突然发现我爸爸就是'最美逆行人'。"

车驶出荆门城区，一路狂奔，经沙洋县进入潜江市，在高场进入汉宜高速公路。黑夜笼罩着大地，没有车辆交会，没有行人，四周死一般的沉寂，唯有远处村落依稀闪亮的灯光让付剑平感觉到自己不是一个人在战斗。他打开车载收音机，静静地听着关于武汉疫情的消息。

不到两个小时，付剑平已抵达了位于武汉市江夏区强军路的雷神山医院工地。在进入警戒区时，全副武装的武警战士查验完他出示的特别通行证后，向他敬了一个标准的军礼。那一刻，付剑平情不自禁地举起右手，回敬了一个军礼，这也是他退伍26年来，第一次再行标准的军礼。刹那间，一种悲壮、一种仿佛上战场般的悲壮从他心底一下子迸发出来。

当天，大年初二，从火神山医院工地转场而来的200多名员工与新招集的800多名员工会合了。至此，含璋公司不仅成为最早进驻雷神山医院建筑工地的建设者，而且成为雷神山医院土建工程最大的建设者。

站在1000多名员工的面前，付剑平的悲壮之情油然而生。他无法给大家提供一桌丰盛的节日宴，只好改为用盒饭取而代之，和员工们一起吃了一次最为简陋、最为特殊的节日饭。他告诉大家："这是一项救命工程，我和大家一起同甘共苦，争分夺秒。我们早一分钟建成医院，就能早一分钟挽救更多的生命！"

拿到雷神山医院的施工图纸后，付剑平知道这是一块难啃的"硬骨头”。雷神山医院总建筑面积约6万平方米，设计床位1600张。病房采用箱式板房，医技楼为钢结构，要修建10多栋建筑，还包括要浇注厚度不小于1.5米的防辐射混凝土墙体。显然，这对施工方提出了更高的要求。

正值天寒地冻之际，三天的工期异乎寻常的艰苦和紧张。既要优质高速，确保按时移交，又要做好工人疫情防护，确保万无一失，付剑平以豁出去的劲头，自始至终蹲守现场，与中建三局项目管理人员密切配合，掌控、调度工程进展。

虽然正值疫情肆虐蔓延的关口，但站在寒风扑面的工地上，付剑平却没有感到一丝恐慌，反倒是充盈着一种壮士出征的豪情。如果说建火神山医院，含璋公司作为第一批进场的施工单位之一，是与兄弟单位携手打了一场遭遇战的话，那么，建雷神山医院，含璋公司上场就站在了C位，属于妥妥的主力部队，既要当先锋，又要打主攻。因此，付剑平全神贯注，不敢有丝毫大意。

连轴转的三天三夜，付剑平把管理人员、施工人员分成三班，机械不停，工人轮班，数百台挖机、推土机、吊车等各种大型机械通宵达旦地进行平场、回填、吊装等施工作业，场面蔚为壮观。他自己则穿着一件军大衣，要么在工地巡查，要么在工棚里召集会议，及时协调、解决施工中出现的问题。这期间，付剑平就没有好好地睡过一觉，实在困了就趴在办公桌上打个盹，或找个合适的地方就地睡个囫囵觉。他的三部手机常常是此起彼伏响个不停，最多的时候，一天接近一千个电话。

当时正值新冠疫情肆虐的严峻关头，不少员工存在恐惧感，为了增强员工战疫的信心，消除员工对新冠病毒的恐惧感，付剑平在工地上始终没有戴口罩，以便员工们能在第一眼认出他。果然，他的这一举动感染了大家，很多员工说：“老板都不怕，我们有什么好怕的?”

当按时完成任务，把工地移交给装修公司时，付剑平在移交文件上郑重地签上了自己的名字。那一刻，他百感交集。在不到半个月的时间里，两座医院拔地而起，付剑平庆幸自己有幸成为“火雷速度”的参与者，“中国奇迹”的创造者，“中国力量”的彰显者。此前，他无论如何不会想到，他会作为一位建设者，直接投身到这场席卷全球、危及整个人类生命的重大疫情的抗争中。

接下来的一个多月，虽然承担的施工任务都完成了，但医院在日常运营中还存在维护问题，于是，在送走了大部分民工和管理者之后，付剑平仍带着部分骨干在雷神山医院坚守了一个多月。

抗疫斗争取得根本性胜利后，中建总公司在北京举行了隆重的表彰大会，含璋公司作为唯一的合作方代表获得了“中国建筑抗疫优秀合作伙伴”荣誉称号，时任国资委主任郝鹏亲自将这项代表着行业最高荣誉的奖状颁发给了付剑平。与此同时，含璋公司还荣获“武汉市抗疫标杆企业”光荣称号。

经历了一场与时间竞速、与疫魔赛跑的较量，一场不容闪失、必须打赢的硬仗，付剑平对人生看得更加透彻。他珍视这段最值得珍藏的人生阅历，他感怀那些召之即来、来之能战，在工地上挥汗如雨、辛苦付出的工友；他感念那些骑着摩托车、开着私家车于最艰难的时刻赶到雷神山工地，在默默付出之后，一分钱不要又悄悄地离开的外省志愿者；他更骄傲的是，时至今日，无论新朋老友，每当知道他是火神山、雷神山医院的建设者时，都会不约而同地以各种方式向他表示敬意。他动情地说：“亲自经历抗疫斗争，是一种荣幸，在这个过程中，坚定了对国家、对民族的信心，中国人在骨子里有一种坚不可摧的民族精神，这也是激励我不断前行的根本动力。”

用诚信打样，他亏了项目赢得无形资产

出生于1973年的付剑平是土生土长的沙洋人。受军人出身的父亲的影响，他打小最喜欢读的是《三国演义》《隋唐演义》《水浒传》这类散发着英雄主义气息的书籍，再大一些，金庸成了他的最爱。

有样学样。一边读英雄，一边充英雄，付剑平成了“街上的伢子”，他从不恃强凌弱，却也最见不得别人恃强凌弱，路见不平，必然出手相助。初生牛犊豪气爆棚，一来二往付剑平便逐渐确立了“带头大哥”的人设。

从沙洋一小到沙洋中学，付剑平波澜不惊地完成了从小学到高中的学业，之后受到《高山下的花环》《凯旋在子夜》等影视剧的感染，付剑平毅然报名参军，成为海军航空兵司令部警卫连的一名战士。

军营是一座熔炉，付剑平被锻造成了一块好钢。过了不到一年，付剑平已担任了班长，并考上了海军指挥学院。然而，因指标有限，他把宝贵的升学机会主动让给了年龄更大的老班长，继续在军中服役。1991年7月1日，他在鲜红的党旗下宣誓，成为一名光荣的共产党员。再后来，他又先后担任纠察队长、代理排长。转眼间，四年过去了，他把当志愿兵的机会让给了农村籍的战友，1993年11月，他退伍回到了家乡。陪着他一同回到沙洋的还有两张报纸，一张是《海军报》，另一张是《中国青年报》，两张报纸都刊登了同一张新闻照片，其中《海军报》把那张照片刊发在头版头条。《中国青年报》的图片说明是这样描述的：“海军航空兵警卫连战士付剑平，过几天就要脱下戎装退伍还乡。此刻他仍然坚守在岗位上毫不松懈。”

回到故乡，付剑平面临多种选择，他本可以求安稳，谋一份“八点上

1993年11月30日《中国青年报》军礼专版刊登图片新闻：海军航空兵战士付剑平即将退伍还乡，仍坚守哨位。

班，五点下班”的工作，但骨子里那股与生俱来的不安分气质却促使他一脚踏进了更具有不确定性的商海，在荆门市商业局当了一名销售员。后来，他又被派往武汉，担任了汇商集团业务经理。

经济体制改革的浪潮冲刷着市场的每一个角落。2000年1月，付剑平作出了一个重要决定：买断工龄，下海经商！

怀揣着6600元遣散费，付剑平开始商海试水。

他先是和几位战友一起涉足保健品市场，却折戟沉沙。正踌躇不前时，赶上中建三局承建沙洋客运站，他的战友给他支了个招：不妨利用当时的价格双轨制政策，为中建三局提供钢材。响鼓不用重槌敲，付剑平敏锐地捕捉到了其中的商机，背靠中建三局这棵大树，尝试着做起了钢材生意。

回忆起创业之初的日子，付剑平笑侃自己当时就是一个放大版的“胡传魁”，刚开始也就二三十人，哪里有活哪里干，不挑不拣。

虽然起步艰难，但付剑平深谙行稳致远之道，因此，他特别注重质量，重视合作方的感受和评价，绝不搞偷工减料、投机取巧的小动作。

2004 年，付剑平从中建三局拿到了修建官垱至雷场的公路项目，合同标的 80 万元。这是荆门市的第一条通村公路，也是他第一次独立承接项目。

当时筑路机械化程度低，主要靠人工。于是，付剑平善待从大柴湖请来的农民工，对工程质量严而又严。这条不过七八公里的公路，竟修了近一年的时间，临到完工结算，所有的人都吓了一跳：工程支出超过了 120 万元。有人埋怨，有的嘲笑，说他劳心费力地忙活了近一年，不仅一分钱没赚到，还倒赔了 40 多万元。但是，付剑平却不这样看，他说他赚了两笔无形资产，一是赢得了大柴湖农民工的信任，二是赢得了中建三局的信任。

果然，人心换人心，黄土变成金。在后来的日子里，只要听说是付剑平招工，这些从河南迁移到大柴湖的农民总能无条件地一呼百应。而中建三局知道付剑平工程做亏了，更看到付剑平的工程质量无可挑剔，于是，很快就将荆门循环公路建设项目交给了他，这个项目是荆门热电厂配套建设项目，无论规模、标准都是官雷公路无法相比的。

就这样，付剑平一步一个脚印，完成了资本的原始积累、人才队伍的原始积累，在建筑市场站稳了脚跟。

2008 年，付剑平在荆门正式成立湖北含璋建筑劳务有限公司，与中建三局建立起了更为牢固的合作关系。于是，沙洋商贸城留下了他的身影，荆门第一高楼 33 层的金象广场留下了他的汗水……付剑平伴随着城市的成长也迅速成长起来。

2010 年 10 月 19 日，湖北省第十三届运动会在荆门市生态运动公园体育场隆重开幕，付剑平以建设方代表身份应邀在主席台上就座。打量着新落成的荆门体育馆、生态运动公园，欣赏着热闹非凡的开幕式，一种前所未有的成就感油然而生，因为这些体现着时代特色的新的城市标志性建筑都凝聚着他的心血和辛劳。

随着房地产产业的飞速发展，付剑平的市场眼光也从荆门转向了武汉，转向了全国。2010 年，他在武汉成立了湖北含璋建设有限公司。

相比于荆门，武汉的市场之大固然不可同日而语，但竞争之激烈也超乎想象。然而，谁会想到，付剑平在武汉的一片天居然首先是靠他“说”出来的。

2011 年 6 月，越秀星汇云锦开工，这是付剑平涉足武汉建筑市场后承接的第一个超大项目。当时，武汉建委联手武汉晚报社正在组织“武汉十大最美工地”评选活动，越秀星汇云锦作为一个标志性楼盘，自然成了热门楼盘。开工典礼上，付剑平代表劳务方上台致辞。时过境迁，那天付剑平具体讲了什么，他已完全不再记得，但印象深刻的是，当天天气炎热，各方领导云集，在场的各级领导对他刮目相看，当他用带有沙洋口音的普通话讲完之后回到座位时，热烈的掌声中，一些领导不约而同地与他握手。武汉市一位副市长被他的讲话所感染，特地对中建三局的领导说：“这个小伙子不错！你们选择这家建筑劳务企业会省心。”

付剑平心里明镜一般，话说出去了，还得落实，否则就是吹牛闹笑话。于是，在接下来的日子里，他心无旁骛地守在工地上，紧盯工程质量，及时处理各种突发问题，确保施工在安全、整洁、不扰民的环境下进行，同时，他对照“武汉十大最美工地”评选条例一一抓落实。终于，“武汉十大最美工地”的奖牌被他扛回来了，越秀星汇云锦也成了湖北含璋建筑有限公司拓展市场、承揽工程的标志性案例。

从 2013 年开始，含璋公司驶入发展快车道，产值达到 3 亿元。秉持“务实、专业、守正、求精”的企业理念，付剑平一步一个脚印，与中建一局、中建三局、中建五局、中建八局、中铁四局、中铁大桥局等央企建立了密切的合作关系，参建项目逐步由湖北地区拓展到广州、深圳、珠海、上海、杭州、湖州、合肥、成都等地，甚至走出国门，在马尔代夫、塞尔维亚等国留下了身影，彰显了“中国基建狂魔”的力量。

2016 年，含璋公司当选中建三局劳务协会副会长单位；2017 年，进入“全国建筑劳务企业百强榜”；2023 年，当选武汉市建筑行业协会供应链分会常务副会长单位。

目前，含璋公司每年承建项目在 120 万平方米以上，涉及大型商业体、超高层建筑、医院、学校、大型厂房等建设领域，参建项目多次获得全国 AAA 工地、湖北省建筑结构优质工程奖，连续多年被中建三局评为“A 级劳务分包商”。

2022 年，虽然建筑业整体疲软，但含璋公司在全国各地却有 23 个项目同时开工，展示出与众不同的发展潜力。

付剑平常常告诫管理层，企业肯定要赚钱，但不是什么钱都赚，而是要赚有价值的钱。他与大家达成共识：含璋公司不追求利润最大化，但一定要追求价值最大化，即无限追求工艺技术、行业口碑、社会荣誉的最大化。

2024 年 5 月 1 日，在成都京东方项目工地，付剑平与 1000 多名工友一起度过了一个特殊的劳动节。

作为国家电子信息产业重大项目，成都京东方对构建行业生态、促进产业链上下游协同发展具有重要作用，该项目是国内首条 8.6 代 AMOLED 生产线，含璋公司承担了其中 12 万平方米的建设任务。这项工程施工要求极高，比如楼地面的平整精度误差不得超过 2 毫米。为了在一个月时间内高质量完成钢结构吊装的工期要求，付剑平与中建三局项目负责人密切配合，指挥工人们在作业面有序运转。置身于宏大的施工现场，付剑平心中涌动的是一种自豪感、幸福感，因为“让含璋公司成为大众信赖和行业具备核心竞争力的企业”的职业理想正在一步一步地变为现实。

2024 年 9 月，付剑平在工地上督查工程质量和进度。

心存善念，他默默地传递爱心

年过半百，付剑平已历练得洒脱大气，妥妥的人间清醒。

在他的办公室里，办公桌右前方挂着一幅字：“君子慎独，不欺暗室。卑以自牧，含章可贞。”显然，出自《易・谦》的这段名言是他的座右铭。而熟悉他的朋友都知道他有一句口头禅：“德不配位，必有灾殃。”

于是，当拥有财富后，他想得更多的是如何回报社会。因为，在付剑平看来，“人不能迷失了本性”。

善良，源于家教家风，不能不说，付剑平深受父母的影响，父母的修为在潜移默化中促成了他三观的形成。

付剑平至今仍清晰地记得，小时候，心地善良的父母总是乐善好施。左邻右舍只要遇到困难，父母往往在第一时间伸出援手。平时，母亲总是把家里的食品衣物送给乡下的穷亲戚。有一年，年关临近，乡下的亲戚来访，临走时，母亲把家里准备的年货拿出一大半让亲戚带回去过年。事后，母亲告诉付剑平："我看不得别人穷，只要知道了，就一定要帮。"

而当他赚得第一桶金后，一向对他严格有加的父亲念叨得最多的就是："一个人赚多少钱，就有多少福气。福气是要分给别人的，只有分给了别人，你才可能赚更多的钱。"付剑平视这段富有哲理的话为"付氏家训"，他努力践行着父亲的忠告。

目前，含璋公司在册的工人超过了 2 万人，在付剑平看来，他与这么大的一个群体是双向奔赴，双向感恩，一方面，工人们因为付剑平而获得了就业机会；另一方面，付剑平因为工人们而积累了财富，改变了人生。因此，付剑平常常更多地主动考虑工人们的利益，每当得知工人遇到难关，他一定会送上关怀和温暖。

2015 年暑假，来自华中科技大学的一对恩施籍大学生情侣来到含璋公司工地要求打工。虽然他们没有任何技术，但得知他们是为了挣学费，付剑平当即决定录用他们，安排他们在工地上做一些诸如作业面清场、工地保洁等轻松的工作，他还特地悄悄地告诉项目经理："这两个大学生有志气，要善待他们，不必安排过重的活。"发放薪水时，付剑平又指示财务部给他们按最高标准支付工资。

两位大学生被深深感动了。勤工俭学结束时，他们找到付剑平提出了一个新的要求："您是一位好老板，我们家太穷了，能不能安排我们的父母亲戚来接替我们的工作？"付剑平毫不犹豫地答应了。如今，这一对大学生情侣已成为华为深圳公司的员工，并组成了幸福的家庭，他们的父母亲友等 6 人也一直在含璋公司上班。逢年过节，付剑平都会收到他们的问候短信，他高兴地说："这是善良的人们对善的双向奔赴。"

抗击新冠疫情期间，得知家乡医疗物资紧缺，付剑平马上动用自己的社会资源，为荆门人民医院和沙洋人民医院捐赠了大量口罩、防护服、消毒液等抗疫物资。

2018 年，付剑平应邀回到沙洋中学参加 80 周年校庆活动，得知学校还有很多贫困生，他便动员组织企业家们以武汉荆门商会的名义开展扶困助学专项行动。如今，这项活动已持续进行了 7 年，近百名贫困生成为受益者，得以顺利完成中学学业，走进大学校园。

付剑平还积极投身于"精准扶贫""乡村振兴"工作中，在长达 8 年的时间里，他主导武汉荆门商会扶贫工作，对口帮助京山新河口村脱贫致富，为当地引进药材、水果等种植项目，并打开农副产品销路。2022 年，得知新河口村种植的葡萄滞销，付剑平给村领导吃了一颗定心丸："你们大胆地把葡萄运到武汉售卖，万一卖不出去，由我兜底。"最后，他一次性地购买了 2 万斤葡萄，转而送到沙洋中学，免费分发给老师们。现在，付剑平和新河口村的村民们成了好朋友，逢年过节，村支部书记都会上门向付剑平表示感谢。

一向低调行事的付剑平在 2023 年获得了武汉市"五一劳动奖章"，在他看来，这更多的是鞭策和鼓励。如今，含璋公司已经迈上了布局全国、面向世界的发展阶段，但付剑平清醒地认识到，经过四十年高速发展，建筑行业正面临前所未有之大变局，因此，必须更新理念，拥抱新技术，通过创新驱动、优化结构、夯实基础来提升产品和服务质量，提高效率和效益，向着打造"大而强，稳而优"的现代核心企业奋力迈进，实现"做实、做强、做大、做好、做长"的发展目标。

小时候，付剑平很喜欢与小伙伴们玩搭积木的游戏；现在，他喜欢看孩子们玩乐高。因为，当一块块积木被有序而富有创意地拼接在一起时，一个新的世界就诞生了。显然，付剑平注定会在建筑业里继续走下去，用一幢幢高耸的建筑书写他精彩的建筑人生。

后　　记

《沙洋之子》即将付梓，作为编者有意犹未尽之感。因为，这本书凝聚了太多人的心血与企盼，许多超越了文字本身的话，愿意一吐为快。

编撰出版这本书的灵感来自《沙洋文艺》的“人间大象”栏目。

“人间大象”是在中共沙洋县委宣传部的指导和支持下设置的一个新栏目，旨在重点推介一批不忘初心、勇于开拓、成就卓著的“沙洋人”，以他们富有传奇的奋斗经历讲好沙洋故事，给本土青少年树立可亲、可敬、可学的人生榜样。然而，在采编过程中，我们忽然发现分布在全国各地、活跃在各行各业的“沙洋人”耕耘之深、成就之大，远远超乎了常人的想象。惊叹、惊喜之余，便产生了一种再创作的冲动：这些“沙洋人”的奋斗故事犹如一颗颗闪亮的珍珠，价值无可估量，如果能将他们的事迹加以深度挖掘和整理，汇集成册，让当代人和后来人记住他们并从中汲取精神养分和奋斗力量，发挥其教化育人、激励来者之功效，岂不是做了一件功德无量的大善之事？

这一动议迅速得到了沙洋县委、县政府有关领导的高度重视和大力支持。正所谓“好风凭借力，送我上青天”，领导的关怀与支持就是这本书得以面世的强大之“力”。

最初的策划得到了沙洋县委宣传部的首肯，主要领导对入选《沙洋之子》的采写对象一一把关，作出具体批示，为这本书的采写和出版打下了扎实的基础。成书过程中，县人大、县委组织部和县委人才办的相关领导多次听取编委会的汇报，给予了大力支持，化解了相关环节上出现的问题和困难。在此，向沙洋县各级领导体现出的责任担当和无私奉献表达致敬。

俗话说："一个篱笆三个桩，一个好汉三个帮。"在撰写编辑过程中，编委会切实感受了"三个帮"的温情与力量。

感谢沙洋中学的校友们。沙洋中学是沙洋的人才摇篮，沙洋中学的校友遍布全国甚至海外，他们秉持沙洋人特有的热情大方，以各种形式帮助我们，有的主动帮忙联系采访对象，有的开车带路，有的安排食宿，有的慷慨解囊，成为如期完成采写工作的啦啦队。

感谢采访对象给予编委会的极大信任和全力配合。他们虽然工作繁忙、要务缠身，却热情接待来自家乡的造访者，挤出时间接受采访。为了确保细节的真实、照片的质量，他们不厌其烦地寻找和提供原始素材。

要感谢《沙洋之子》的每一位作者、编者和他们所在的单位。沙洋县作家协会把出版《沙洋之子》作为2024年的一个重点项目列入工作日程，按照就近、就熟、自愿的原则对采编工作进行了分解；为精准理解这本书的创作意图，统一写作风格，还组织了专题培训研讨。每位作者、编者都有自己的本职工作，但在接到采写任务后，他们牺牲休息时间，以饱满的热情奔走于城市之间、城乡之间，挑灯夜战，几易其稿，呈现了一篇篇高质量的文稿。个中辛苦，非亲身经历难以体会。

还要感谢广州蓝月亮实业有限公司董事长罗文贵先生欣然为《沙洋之子》作序。实际上，这位亲手创立了"国货精品"蓝月亮的知名企业家，也是一位当之无愧的"沙洋之子"。

需要特别说明的是，这本《沙洋之子》仅仅收录了沙洋的少部分精英人士，截稿时间为2024年9月。当初，对入选者确定了四个基本条件：

在世的沙洋人；在各自领域有突出成就和贡献，在全国乃至全世界有重要影响力；三观正确，积极向上，遵纪守法，具有强烈的社会责任感；热爱家乡，关心沙洋发展。在实际操作中，个别优秀的“沙洋之子”由于不可抗拒的原因，未入选本书，留下了一丝遗憾。更遗憾的是，还有许多优秀的“沙洋之子”没有来得及发现。希望这本书出版后，有机会再推《沙洋之子》续集，力争将所有在沙洋工作和在外地工作的沙洋籍优秀分子的奋斗故事完整地呈现给广大读者，从而彰显沙洋精神，提升沙洋城市形象。

我们抱着对家乡的无限热忱之心，作出了巨大努力。如果这本书能让读者领略到“沙洋之子”的独特风采，从他们身上获得一些特别的感悟，这将是对我们最大的褒奖和肯定。由于时间仓促，加上水平、笔力、认知的局限，这本书难免存在不足之处，敬请读者批评指正。

《沙洋之子》编委会

2024 年 10 月 2 日